BLUES A tu alcance

GUIA COMPLETA PARA APRENDER LA GUITARRA DE BLUES

POR JOHN GANAPES

Quiero dar las gracias a mi esposa, Kathleen Kortz, por toda su ayuda y apoyo. Sin ella, este libro no habrfa sido posible. Gracias tambien a todos los musicos con los que he tocado; cada uno de ellos me ha ensenado algo. Finalmente, gracias al equipo de Hal Leonard por toda su ayuda.

PLAYBACK+
Speed • Pitch • Balance • Loop

Para obtener acceso al audio visite:
www.halleonard.com/mylibrary

Enter Code
2681-8452-2215-2489

ISBN 978-0-7935-9016-2

HAL•LEONARD®

Visitar Hal Leonard en linea a:
www.halleonard.com

Contáctenos:
Hal Leonard
7777 West Bluemound Road
Milwaukee, WI 53213
Correo electrónico: info@halleonard.com

En Europa, contacto:
Hal Leonard Europe Limited
42 Wigmore Street
Marylebone, London, W1U 2RN
Correo electrónico: info@halleonardeurope.com

En Australia, contacto:
Hal Leonard Australia Pty. Ltd.
4 Lentara Court
Cheltenham, Victoria, 3192 Australia
Correo electrónico: ausadmin@halleonard.com.au

INDICE

Todas las canciones han sido compuestas por John Ganapes.

Músicos:

Jim Weber	Guitarra
David Hussman	Guitarra
Joel Sayles	Bajo
Dave Russ	Batería
Rob Steinberg	Piano y Organo

COMO UTILIZAR ESTE LIBRO

Quién puede utilizar este libro

Estas lecciones han sido diseñadas para tí, siempre que:

- tengas, como mínimo, un nivel de experiencia inicial con la guitarra; conozcas algunos acordes y canciones.
- hayas tocado durante cierto tiempo, pero te hayas sentido luego desanimado por la rutina de tocar una y otra vez las mismas cosas.
- quieras organizar lo ya aprendido a lo largo de varios años, completando las lagunas que tengas.
- ames el blues y quieras saber como ampliar tu repertorio básico de blues.
- enseñes a tocar la guitarra y quieras disponer de una serie organizada y progresiva de lecciones para ofrecer a tus discípulos.

Nivel de estudios

La Lección 1 empieza en un nivel muy básico. Cada lección siguiente se basa en la lección precedente, paso a paso, hasta la Lección 21. Cuando hayas completado el libro, podrás empezar a tocar en un nivel avanzado de guitarra básica de blues.

Si encuentras que las primeras lecciones son muy fáciles para tí, limítate a leer cada lección hasta que te encuentres con algún material que, o bien no te sea familiar o bien te indique que necesitas más práctica. Empieza tu trabajo a partir de ese punto.

Incluso si las primeras lecciones te resultan demasiado familiares, puede serte útil repasarlas en orden sucesivo con objeto de refrescar tus conocimientos y reforzar tu confianza en lo que ya sabes.

Tiempo a invertir

Tómate tu tiempo para cada lección. Mis discípulos dedican toda una semana a cada una de ellas y, muy a menudo, hay estudiantes que precisan dos e incluso tres semanas para alguna lección que les resulta particularmente difícil. Insiste en cada lección hasta que te sientas cómodo con todo el material que ella contenga. Estas lecciones se basan en cada una de las anteriores, por lo que es importante dominar las habilidades y la información de una lección antes de pasar a la siguiente.

Estructura del libro

Cada lección se divide en tres partes: escalas, acordes y progresiones, y un ejercicio. Las lecciones están diseñadas para permitirte tocar en todo el diapasón de la guitarra y en cualquier tonalidad. Los ejercicios (solos de guitarra) están representados tanto en tablatura como en notación musical normal. Debido a que las lecciones se basan una en otra, para conseguir el máximo beneficio, sigue el libro en el orden en que están dispuestas.

Suplemento de audio

El suplemento de audio contiene todos los ejercicios (solos de guitarra) del libro. Algunos ejercicios son interpretados lentamente y también a velocidad normal. La versión lenta tiene por objeto que puedas escuchar mejor cada nota; la versión a tempo pleno es para que puedas escuchar como suena cuando se toca normalmente.

El audio ha sido grabado con acompañamiento pleno de banda. La parte principal (la que tu estudias) ha sido dispuesta como dominante en el centro de la mezcla.

Cada pieza empieza con un "clic" del tempo para que puedas empezar exactamente con la música de la grabación.

Antes de empezar, no dejes de emplear el inicio de la grabación para afinar tu instrumento.

Diagramas

Los diagramas de escalas y acordes han sido diseñados en este libro de manera distinta unos de otros. Los *diagramas de escala* figuran con las cuerdas horizontales cruzando la página. Los trastes se indican con líneas verticales que cruzan las cuerdas.

Las digitaciones para los patrones de escalas se indican mediante números dentro de círculos sobre las cuerdas. La nota fundamental de las escalas se representa, a la inversa, con un número blanco dentro de un círculo negro.

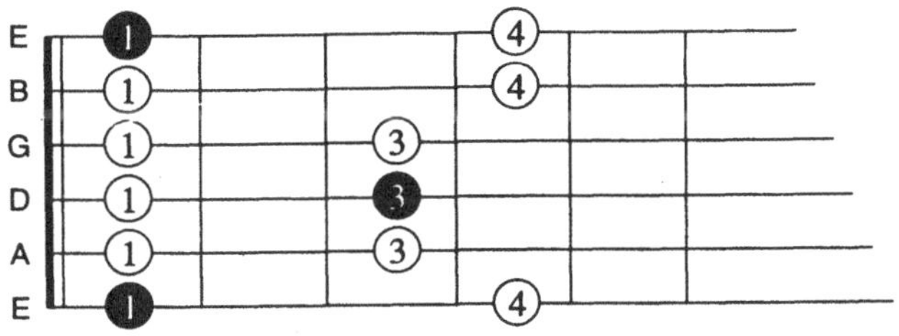

Los *diagramas de acordes* siguen el formato estándar. Las cuerdas se disponen verticalmente, y los trastes son horizontales, cruzando la página transversalmente. Las digitaciones figuran al pie de la composición, y las "X" y las "O" de la parte alta indican las cuerdas (al aire) a pulsar ("O") y a no pulsar ("X").

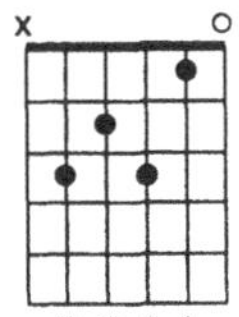

digitación: 3 2 4 1

Practicar

Hay una regla general cuando se estudia música: *cuanto más tiempo dediques a practicar, tanto más rápidamente aprenderás.* Ten en cuenta, no obstante, que la práctica *diaria* es muchísimo más útil que una sola sesión "maratoniana" por semana. Proponte dedicarle cuatro o cinco días por semana, *cada* semana.

Cuanto tiempo vayas a dedicar a la guitarra cada día dependerá de la meta musical que te plantees. Si proyectas convertirte en un músico profesional, deberás practicar un mínimo de tres horas diarias. Si tocas solamente por tu propio placer, decide tu propia medida. Dedícale todo el tiempo que permitan tus fuerzas, y no te sientas culpable por no ir más allá.

Asimismo, es muy importante *cómo* practicas. Concéntrate totalmente en tus ejercicios. No toques tus escalas ante el televisor. Si notas que tu mente se distrae, tómate un descanso y coge de nuevo la guitarra un rato después.

Concentra tus prácticas en el material que encuentres difícil. Sigue tocando lo que ya conoces, pero dedícale menos tiempo. Esto vale también para las diversas partes de una pieza: insiste en las secciones que encuentres difíciles, y pasa pronto por las partes que ya puedas tocar bien.

Recuerda que la finalidad de los ejercicios es la de ser capaz de tocar por el placer de hacer música. Concédete siempre tiempo para tocar por placer, sin la presión o la disciplina de las prácticas.

LECCION 1

ESCALAS

Introducción a las escalas pentatónicas menores

Las escalas son los ladrillos básicos de la música. Las tonalidades se definen mediante las notas de las diversas escalas. Los acordes se construyen con las notas de las escalas. Como en casi todas las demás músicas, las melodías y rasgueos de la guitarra solista de blues se basan en escalas.

Aun más: la mayor parte de tu técnica tendrá su origen en la *práctica diaria* de escalas. Un conocimiento completo del diapasón de la guitarra se basa en la comprensión de las escalas. En pocas palabras, el estudio de las escalas es extremadamente importante para todos los músicos, guitarristas incluídos.

En el blues, nos interesan primordialmente las escalas *pentatónicas* (de cinco tonos o cinco notas). Hay dos tipos básicos de escala pentatónica: la mayor y la menor. Empezaremos con la escala pentatónica menor.

La *escala pentatónica menor* es la base de casi todos los rasgueos de blues y de blues-rock, y del "sonido blues". Hay cinco patrones o formas básicos de escala en guitarra. En este libro se denominan *Patrón 1, Patrón 2, Patrón 3, Patrón 4 y Patrón 5.*

Cuando hayas aprendido los cinco, serás capaz de tocar en *toda la amplitud* del diapasón y en *cualquier tonalidad.* Esto te permitirá ampliar enormemente tu "vocabulario" de rasgueos y melodías.

Aprender y practicar escalas puede también ayudar a romper la rutina de tocar una y otra vez los mismos rasgueos. Si habéis visto alguna vez un guitarrista "gimiendo" por todo el diapasón, es seguro que conoce muy bien los cinco patrones.

La mejor manera de aprender esos patrones es tomarlos de uno en uno, observando en el curso del aprendizaje como encajan unos con otros. Empezaremos en esta lección con el *Patrón 1.*

El Patrón 1 empieza en la fundamental de la escala.

> La *fundamental* es la nota con el *mismo nombre que la tonalidad.* Por ejemplo, en la tonalidad de A, la fundamental es la nota A; en la tonalidad de B♭, la fundamental es la nota B♭, etc.

Es importante saber el lugar que ocupan las fundamentales en los patrones de escala, por lo que, en los diagramas de este libro, se indican de manera distintiva. El diagrama siguiente es el Patrón 1 de la escala pentatónica menor en tonalidad de E, empleando todas las cuerdas al aire:

Escala Pentatónica en E Menor - Patrón 1

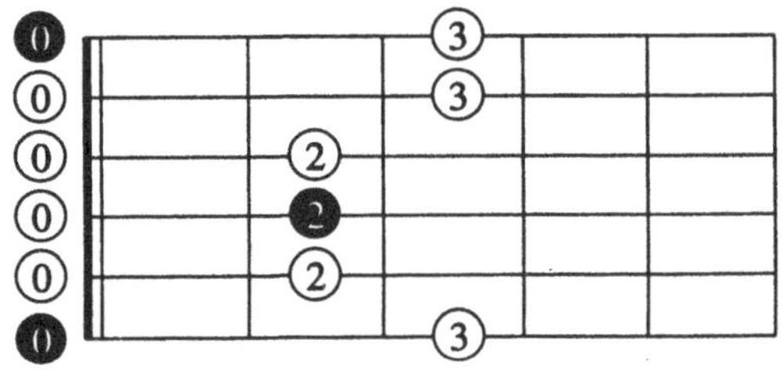

- Ensaya esta escala durante 5/10 minutos cada día, esta semana
- Emplea las digitaciones indicadas en el diagrama
- Al ensayar, asegúrate de tocar *lentamente* con un tempo (velocidad) *muy uniforme.* Asegúrate de hacer sonar las notas con claridad, y deja que cada una resuene hasta que pulses la siguiente nota de la escala.
- Empieza en la nota inferior (en la 6ª cuerda).
- Toca seguido hacia arriba hasta la nota en lo alto del patrón y luego, sin detenerte arriba, toca la escala regresando hacia abajo de nuevo.

Concéntrate en conseguir un sonido muy uniforme, muy *limpio*. La velocidad no es lo importante hasta ahora. Recuerda: sólo puedes tocar tan limpiamente como limpiamente ensayes: si practicas rápido pero chapucero, sólo sabrás tocar chapuceramente.

ACORDES Y PROGRESIONES

La progresión básica del blues

La mayoría de progresiones de acordes de blues son muy simples, abarcando sólo tres acordes. A veces son precisamente llamadas “progresiones de tres acordes”.

Una *progresión de acordes* es sencillamente la sucesión de cambios de acordes en una tonada.

Los tres acordes empleados se denominan los acordes I, IV y V. Un nombre más común y descriptivo para esta progresión de acordes es la “progresión I, IV, V”. Esta es la progresión más básica en música, desde la clásica y el jazz hasta el blues y el rock.

El acorde I es el acorde del mismo nombre que la tonalidad en que estés tocando. En clave de G, el acorde I es el acorde en G; en clave de E, el acorde I es el acorde en E, etc.

Como en las escalas, cada acorde tiene una fundamental que es la nota del acorde con el mismo nombre que el acorde. Por ejemplo, *cualquier clase* de acorde en G (G^7, Gm, G^9, etc.) tiene una nota G como fundamental.

Puesto que el acorde I tiene el mismo nombre de letra que la tonalidad, y la fundamental del acorde es la nota cuyo nombre de letra es el mismo que el acorde, se deduce que la fundamental del acorde I es también el nombre de la tonalidad (ejemplo: acorde I=E; fundamental del acorde I=E; tono=E). Es muy importante comprender esto al ir avanzando en este libro. Con objeto de encontrar los acordes en el diapasón, debes saber muy bien donde están las fundamentales.

Los acordes IV y V tienen siempre las mismas relaciones con el acorde I, y tienen siempre el mismo nombre de letra en una determinada tonalidad. Por ejemplo, en tonalidad de E, el acorde I es alguna forma de E, el acorde IV es siempre de un tipo de A, y el acorde V es siempre B. Más adelante, entraremos en este tema con más detalle.

En el blues, es poco corriente ver un acorde simple mayor o menor. En cambio, solemos emplear acordes de 7ª o de 9ª. Esto da más “color” a los acordes. Que un acorde sea o no un A^7 o un E^9, etc., no varía que funcione del mismo modo en las progresiones I, IV, V.

A continuación figuran los acordes I^7, IV^7 y V^7, en tonalidad de E.

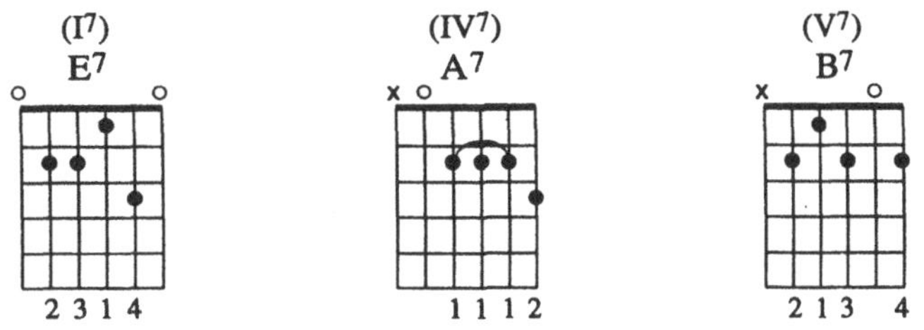

Estos acordes son al aire (es decir, utilizan cuerdas libres, no pisadas). Para poder formarlos rápida y fácilmente, ejercita formarlos individualmente, y luego cambia de uno a otro. Practica todas las combinaciones posibles:

- I a IV
- I a V
- IV a I
- IV a V
- V a I
- V a IV

Estos mismos acordes van a ser utilizados en el ejercicio musical de esta lección.

EJERCICIO

Estilo Blues/Rock básico

Este ejercicio, "Texas Rock", está en tonalidad de E, empleando la mitad inferior del Patrón 1 de la escala pentatónica en E menor.

- * Advierte que los acordes aprendidos en esta lección se emplean como "puntuación".
- * Fíjate en como las distintas frases se repiten y como las notas simples son en gran medida las mismas a lo largo de toda la tonada.

Aprende esta pieza frase a frase, dominando cada frase antes de pasar a la siguiente. Seguidamente, reúne todas las frases formando conjunto. Empieza *muy lentamente,* después aumenta tu velocidad de ejecución poco a poco. Asegúrate de que empleas las digitaciones de escala antes descritas en esta lección y no omitas ninguna nota.

TEXAS ROCK 2

LECCION 2

ESCALAS

Escalas movibles

Ahora que ya has aprendido el Patrón 1 de la escala pentatónica menor en E, empezaremos a trabajar en la forma "movible" en otras tonalidades.

Movible, en este caso, significa que el patrón puede ser desplazado arriba o abajo del diapasón, sin emplear ninguna cuerda al aire.

A continuación, figura el diagrama movible del Patrón 1 (pentatónico menor):

Escala Pentatónica Menor - Patrón 1

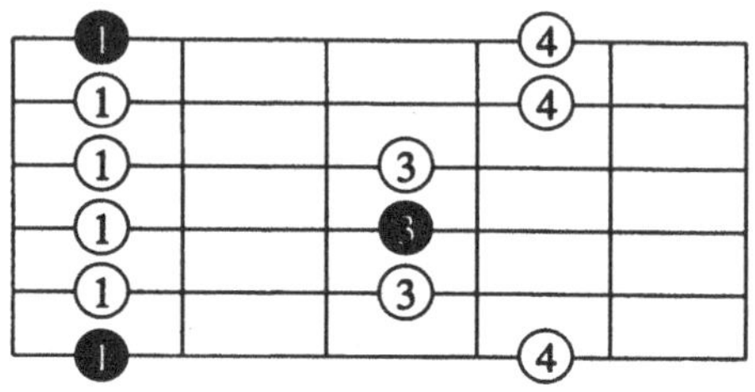

Advierte que las digitaciones son distintas de las indicadas para la escala al aire en E. Aquí emplean la regla de un-dedo-por—traste. Por ejemplo, si estás tocando con tu 1er dedo sobre el 3er traste, tu 2° dedo marcará las notas sobre el traste siguiente (4°), tu 3er dedo marcará las notas sobre el 5° traste, y tu 4° dedo lo hará sobre el 6° traste.

A esto se le llama tocar en la "3ª posición", puesto que es el traste más bajo y es pisado por tu 1er dedo. Sea el que fuere el número de traste que estás tocando con tu 1er dedo, es el mismo que el número de posición.

Recuerda que la nota más baja del Patrón 1 de la escala pentatónica menor es la *fundamental.* Así es como encontrarás la escala de cualquier tonalidad sobre el diapasón. Sencillamente, busca la nota sobre la 6ª cuerda que sea la fundamental de la tonalidad en que te halles, y empieza ahí con tu 1er dedo. Por ejemplo, en tono de A, la fundamental (A) está en el 5° traste sobre la 6ª cuerda.

Para esta lección, practica el Patrón 1 movible arriba y abajo del mástil de la guitarra, empezando en F (1er traste) hacia arriba hasta E en el 12° traste. También aquí, practica lenta y uniformemente; no te detengas en la nota más alta y regresa inmediatamente abajo hasta la nota más baja.

Recuerda que la *práctica diaria* de las escalas es sumamente importante, y te premiará más adelante con una buena técnica y una comprensión total del diapasón.

ACORDES Y PROGRESIONES

Acordes movibles

Del mismo modo, que existen las escalas movibles, hay también *acordes movibles.*

En la lección anterior, aprendiste los acordes I^7, IV^7 y V^7 en tonalidad de E, empleando cuerdas al aire. Esta lección presenta los acordes *barrados*, empleando el 1er dedo para "barrar" todo o la mayor parte del traste, actuando sobre la guitarra como cejilla.

El diagrama siguiente muestra los acordes I^7, IV^7, V^7 en forma movible:

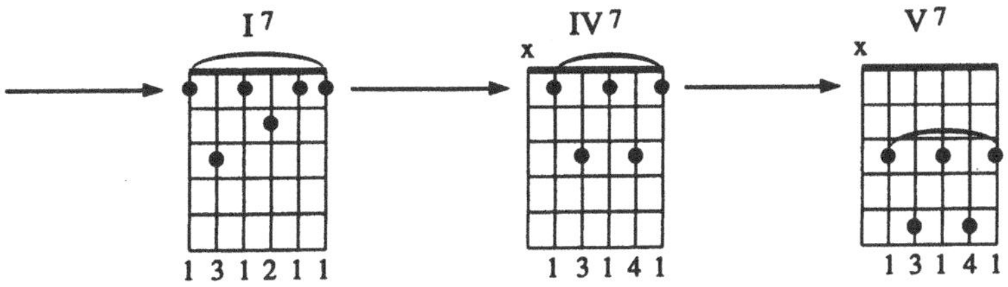

Estos acordes pueden ser tocados arriba y abajo del mástil, pero siguen siendo los mismos en su relación de unos con otros. Advierte la flecha al lado izquierdo de cada diagrama. Apunta siempre al mismo traste.

Por ejemplo, en tonalidad de A, en el diagrama I^7 la flecha apunta al 5° traste, donde se encuentra la fundamental del acorde I sobre la 6ª cuerda. En el diagrama IV^7, la flecha sigue apuntando al 5° traste, donde se encuentra la fundamental del acorde IV sobre la 5ª cuerda. Y en el diagrama V^7, la flecha apunta asimismo al 5° traste, pero la fundamental del acorde V se halla dos trastes más arriba (7° traste) sobre la 5ª cuerda. La digitación para el acorde V^7 es la misma que para el acorde IV^7.

Para encontrar donde tocar esos acordes en cualquier tonalidad, busca la nota sobre la 6ª cuerda que tenga el mismo nombre que la tonalidad. Esta será la fundamental del acorde I. Por ejemplo, en tonalidad de C, C se halla en el 8° traste sobre la 6ª cuerda. Ahí es donde apuntaría la flecha en el diagrama.

Ensaya tocando los acordes movibles I^7, IV^7 y V^7 antes descritos, desde F (1er traste) hasta E (en el 12° traste). Practícalos del mismo modo que lo hiciste con los acordes al aire I, IV y V de la Lección 1: todas las combinaciones posibles de I a IV, I a V, IV a V, etc.

Llegados a este punto, ya puedes aprender la progresión de blues más básica: la progresión "12 compases". Es como sigue:

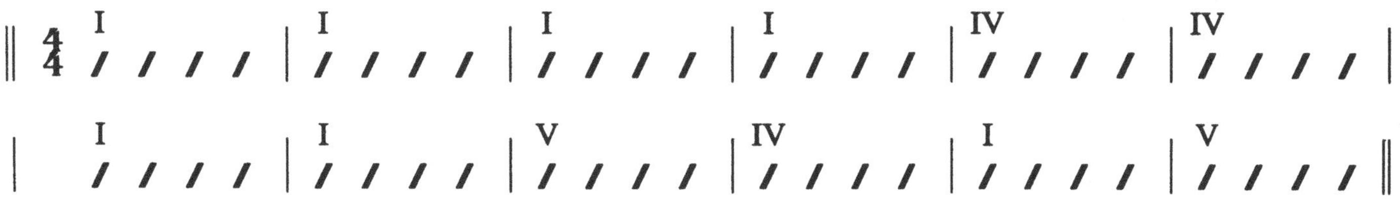

Fíjate en el quebrado de compás, al principio de la progresión. El número de arriba (4) indica que hay cuatro tiempos por *compás.* En esta progresión de acordes, los tiempos se indican con barras oblicuas (/).

> Un *compás* es la unidad o grupo básico de tiempos de una tonada, por ejemplo, un compás de cuatro tiempos se cuenta como:
>
> 1-2-3-4 | 1-2-3-4 | 1-2-3-4 | etc.

Esto es lo que queremos decir con "12 compases": 12 grupos de cuatro tiempos.

Los últimos dos compases de la progresión componen lo que se llama el "turnaround" (tornada o rueda). Simplemente "repasa la tonada"

Ensaya esta progresión en las tonalidades de G (3er traste) y A (5° traste) empleando los acordes movibles I^7, IV^7 y V^7. Por el momento, no te preocupes del tipo de ritmo que emplees, limítate a rasguear todo el acorde en cada tiempo:

1	2	3	4
rasgueo	rasgueo	rasgueo	rasgueo

Esto simplificará las cosas para que puedas concentrarte en el aprendizaje de la progresión y los acordes propiamente dichos.

EJERCICIO

Más estilo Blues/Rock

Rítmicamente, el "Blues Rock Tune" es muy similar al "Texas Rock": seis notas simples y luego rasgueos de acordes. Se puede describir como el empleo de la mitad superior del Patrón I de la escala pentatónica menor *(movible)*, utilizando de nuevo los acordes como "puntuación".

Este estudio está escrito en tonalidad de A, tocado en el 5° traste, o "5ª posición".

Advierte que se emplean en la melodía ciertas *"cuerdas combadas"* (bends). Para hacer esto, hay que:

* pisar con el dedo la nota/traste indicada
* combar la cuerda a curvarse (bend) hasta que
* el tono alcance el de la nota sucesiva.

Por ejemplo: para "bend" la nota D sobre el traste 7°/3ª cuerda hasta E (un tono), pon el dedo sobre el 7° traste y "bend" la cuerda hasta que suene tan aguda como la nota en el 9° traste.

La progresión de acordes de este estudio es la progresión de blues de 12 compases antes descrita en esta lección.

BLUES ROCK TUNE 3

LECCION 3

ESCALAS

El Patrón Pentatónico 2.

Llegados a este punto, debes ya dominar el Patrón 1 de la escala pentatónica menor. Si no es así, trabaja más en él antes de continuar con esta lección. La Lección 3 presenta el Patrón 2 de la escala pentatónica menor.

Escala Pentatónica Menor - Patrón 2 (movible)

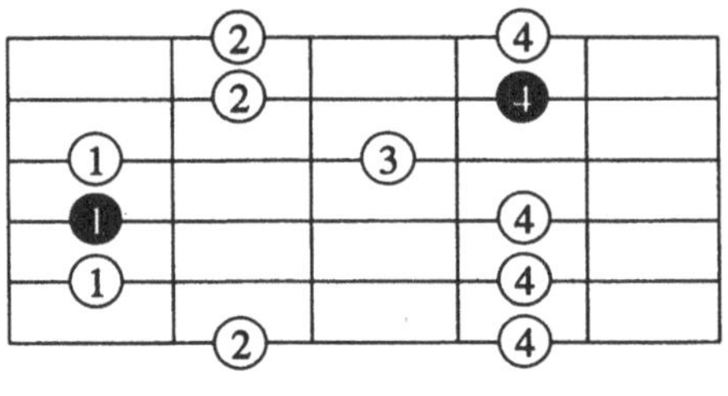

Al igual que el Patrón 1, el Patrón 2 es movible. Empieza a ensayar este patrón. De nuevo, toca lenta y uniformemente. Empieza en la posición lo más baja posible: donde las notas más bajas son al aire, subiendo mástil arriba hasta el 12° traste.

Sigue practicando también el Patrón 1. En la próxima lección, veremos como ambos patrones encajan entre sí.

ACORDES Y PROGRESIONES

La progresión "quick change" (cambio rápido)

Has aprendido la progresión básica de 12 compases en la Lección 2. Ahora añadiremos a ella una nueva forma del acorde V^7 movible. Es así:

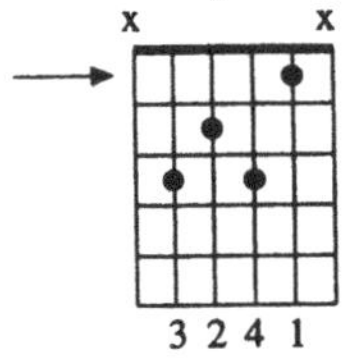

Advierte que la fundamental de este acorde sigue siendo la misma en relación con la posición en que estás (ver la flecha), pero el resto del acorde se forma a su alrededor de forma distinta. El empleo de este acorde permite un *seguimiento de voz* más suave.

> El *seguimiento de voz* es el movimiento de voces, o de notas, de un determinado acorde hasta las voces o notas del acorde siguiente.

En la Lección 2, el modo como tocabas IV^7 a V^7, movibles, consistía en mover la misma forma desde el IV^7 dos trastes más arriba, para tocar el acorde V^7, de modo que todas las notas del acorde IV^7 se movían en la misma dirección (hacia arriba) y en la misma distancia (dos trastes).

Con la nueva forma de V^7, algunas notas se desplazan hacia arriba y algunas lo hacen hacia abajo, todas en diferentes distancias (número de trastes).

Fíjate que esta nueva forma de acorde utiliza sólo las cuatro cuerdas centrales. *No toques* las cuerdas exteriores (1ª y 6ª).

Hay aquí una nueva variación en la progresión de blues de 12 compases. Suele recibir el nombre de progresión de "quick change" (literalmente "cambio rápido") debido a que cambias hasta el acorde IV en el 2º compás y retrocedes luego al acorde I en el 3er compás. El resto es igual que la progresión básica dada en la Lección 2. Probablemente, es la progresión de blues de 12 compases que se toca con mayor frecuencia.

4/4 I	IV	I	I	IV	IV
/ / / /	/ / / /	/ / / /	/ / / /	/ / / /	/ / / /
I	**I**	**V**	**IV**	**I**	**V**
/ / / /	/ / / /	/ / / /	/ / / /	/ / / /	/ / / /

Ensaya esta progresión empleando el nuevo acorde V^7.

EJERCICIO

"Blue Notes"

Este ejercicio, "True Blue", está también en tonalidad de A, empleando el Patrón 1 de la escala pentatónica menor (5ª posición). Emplea la progresión de blues de 12 compases ("quick change") que has aprendido en esta lección. Asegúrate de mantener la mano en posición sobre el 5º traste, empleando el principio de "un-dedo-por-traste".

Sin duda, ya habrás advertido que hemos estado empleando una nota que no está en la escala pentatónica menor básica, a saber:

- Compás 8, "Texas Rock" (Lección 1)
- Compás 8, "Blues Rock Tune" (Lección 2)
- Compases 2 y 5, "True Blue" (Lección 3)

Esta nota "extra" es llamada ♭5 o ♯4 de la escala, y a veces también recibe el nombre de "nota blues". Lo explicaremos completamente en una lección posterior.

TRUE BLUE 4

Shuffle Moderado
N.C.
A7
D7
A7
mf
full
D7
A7
E7
D7
full
A7
D7
1.
A7
E7
2.
A7
E7
A7

LECCION 4

ESCALAS

Emparejamiento de los Patrones 1 y 2

Ahora que has aprendido los Patrones 1 y 2 de la escala pentatónica menor, vamos a ver como los juntamos entre sí.

Advertirás que en esos patrones de escala hay solamente dos-notas-por-cuerda, por lo que los llamamos notas "inferiores" y "superiores" del patrón. Fíjate también que la disposición de las notas superiores del Patrón 1, y la disposición de las notas inferiores del Patrón 2 tienen el mismo aspecto.

Patrón 1

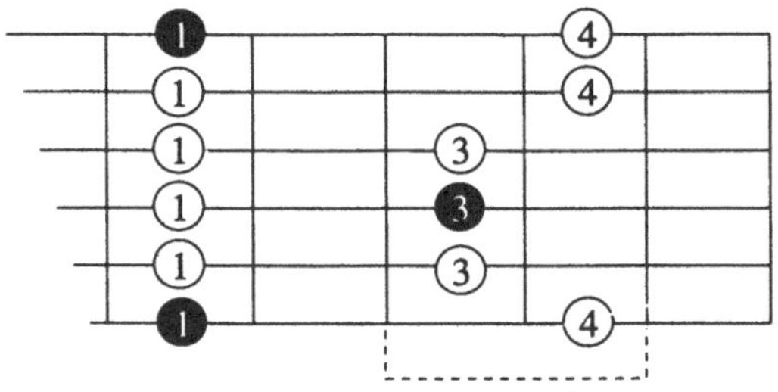

Patrón 2

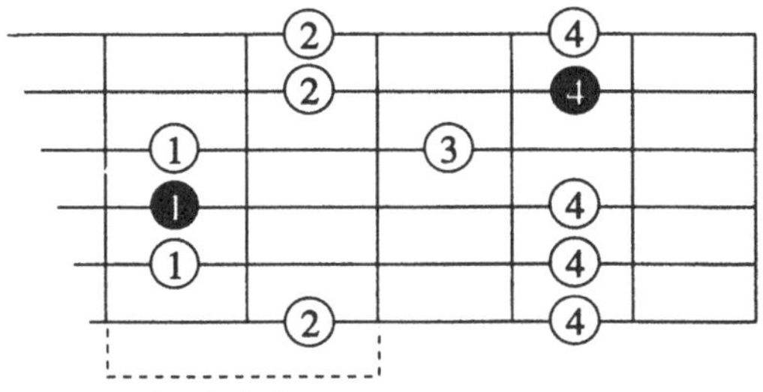

La fundamental se encuentra sobre la 4ª cuerda en ambos patrones. De hecho, son *exactamente las mismas notas*. El Patrón 1 y el Patrón 2 comparten las mismas notas, por lo cual el Patrón 2 encaja con exactitud en la parte alta del Patrón 1, tal como demuestra el siguiente diagrama.

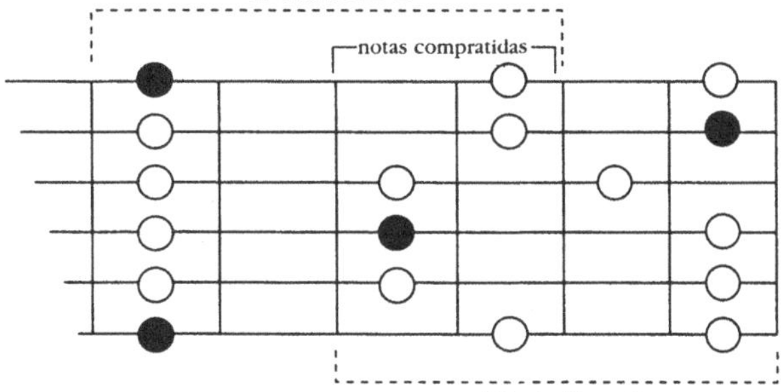

Como podrás ver en las siguientes lecciones, todos los patrones de la escala encajan entre sí. En esta lección, practica los Patrones 1 y 2 juntos, desde E (empleando cuerdas al aire en el Patrón 1), hasta la tonalidad de E♭ (Patrón 1 sobre el 11° traste), subiendo un traste cada vez.

- Empieza tocando el Patrón 1 tal como hiciste en las lecciones anteriores.
- Sube luego al Patrón 2 de la misma tonalidad (dos trastes más arriba del Patrón 1) y tócalo como en la lección anterior,
- Prosigue hasta la tonalidad siguiente, empezando de nuevo con el Patrón 1. Ejemplos: tono de E, tono de F, tono de F♯, tono de G, etc. subiendo hasta el tono de de E♭.

Así es como se hace en la tonalidad de E:

Patrón 1 (con cuerdas al aire)

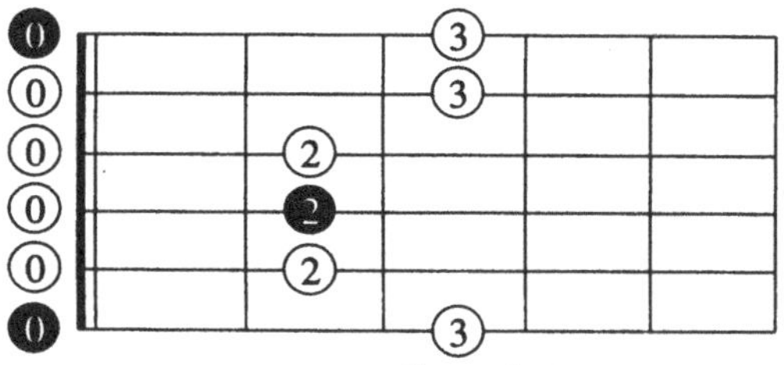

toca arriba y abajo

...seguir a Patrón 2, aun en tono de E, ahora en 2ª posición

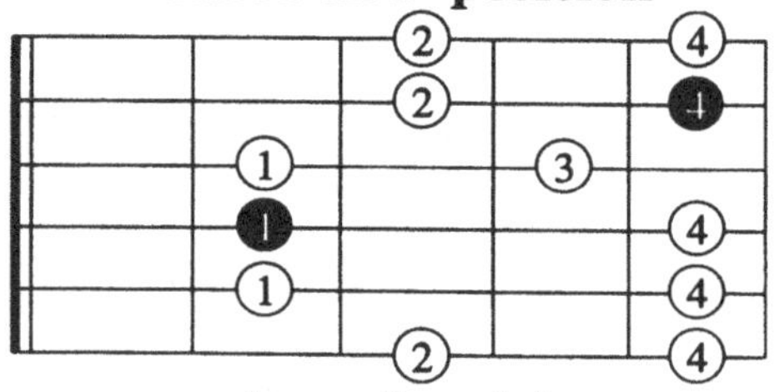

toca arriba y abajo

Empieza luego en F (1er traste) y así sucesivamente. No te apresures desde el Patrón 1 hasta el Patrón 2, sino, al contrario, date el tiempo necesario para encontrar el Patrón 2 y colocar tu mano en posición.

ACORDES Y PROGRESIONES

Movimientos de la fundamental y más acordes movibles

En esta lección, aprenderás una nueva serie de acordes I^7, IV^7 y V^7, que pueden emplearse en la progresión de blues. Esta nueva serie tiene un patrón distinto de *movimiento de la fundamental* sobre el diapasón.

> *Movimiento de la fundamental* es el modo como las fundamentales de los acordes se mueven de uno a otro de ellos.

En este caso, la fundamental del acorde I^7 se encuentra sobre la *5ª cuerda,* en lugar de sobre la 6ª. Asimismo, las fundamentales de los acordes IV^7 y V^7 se encuentran sobre la *6ª cuerda,* en lugar de sobre la 5ª. Las formas de los acordes son las que ya has aprendido anteriormente, solamente están dispuestas de manera distinta.

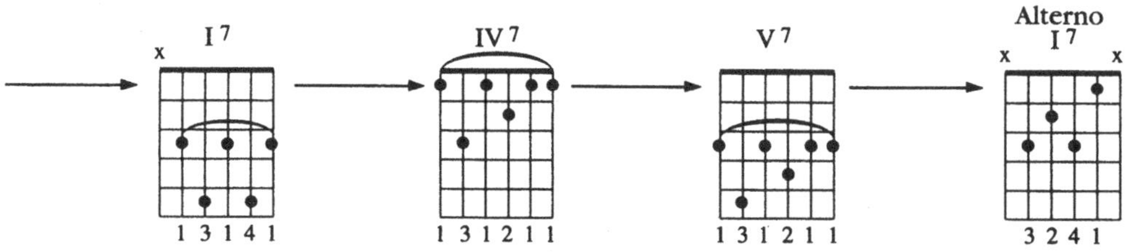

La flecha actúa del mismo modo que en la serie anterior, en la que siempre estaba apuntando al mismo traste de una determinada tonalidad. Reconocerás sin duda las formas de los acordes.

Para encontrar las posiciones para tocar en esta serie, busca la fundamental del acorde I^7 sobre la 5ª cuerda. (Recuerda que la fundamental tiene el mismo nombre que el tono en que estás). Toca cada uno de los nuevos acordes I^7 que figuran arriba.

Para encontrar el acorde IV, busca sobre la 6ª cuerda, *dos trastes más abajo* de la fundamental del acorde I.

La fundamental del acorde V es dos trastes más arriba del IV, sobre la misma cuerda (o sea el mismo traste que la fundamental del I, siempre en la 6ª cuerda). He aquí un diagrama del patrón de fundamentales:

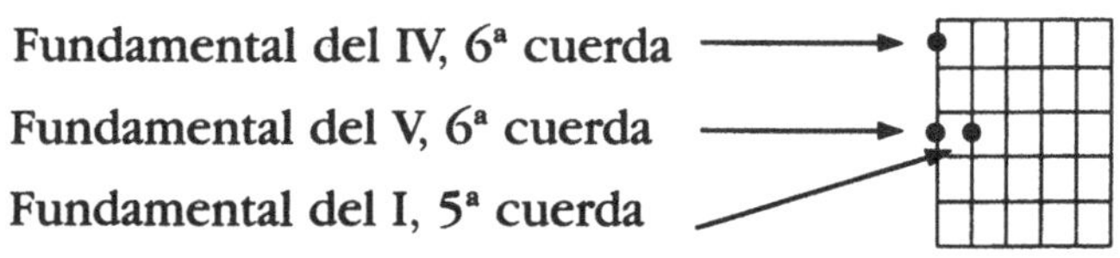

Naturalmente, esta serie de acordes es movible y puede ser tocada en cualquier tonalidad.

Asegúrate de no confundir la serie que aprendiste en la Lección 2 (la llamaremos Serie 1) con la presente serie (que llamaremos Serie 2). Ambas series *no se encuentran en la misma posición para la misma tonalidad.*

La fundamental del acorde I en la Serie 2 se encuentra, bien *7 trastes arriba o 5 trastes abajo* (desde la fundamental de los acordes I de la Serie 1). He aquí un ejemplo en tono de A:

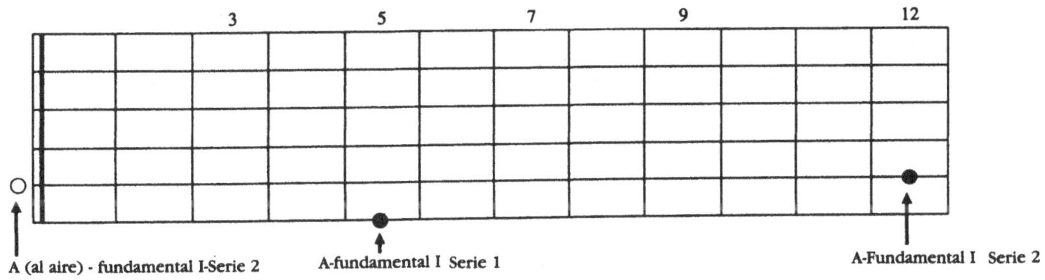

Puedes ver que no siempre es posible tocar la Serie 2 debajo de la Serie 1, debido a que las cuerdas no llegan lo bastante abajo. (Busca el tono de G y trata de encontrar la fundamental del acorde I, Serie 2, debajo de la Serie 1 en el 3er traste: no existe.)

Practica la Serie 2 de los acordes I^7, IV^7 y V^7 empleando la progresión de blues 12-compases "quick change". Emplea las citadas dos formas de acordes I^7, y busca en qué punto de la progresión te gusta más cada una de ellas. Básicamente, es cuestión de gusto personal; ninguna es la forma "correcta" a emplear.

De ahora en adelante, emplearemos la progresión "quick change" siempre que se mencione el blues de 12-compases, a menos que se advierta expresamente lo contrario.

EJERCICIO

El "Swing" Shuffle básico

El ejercicio para esta lección es "Swingin' the Blues". También corresponde al Patrón 1 de la escala pentatónica menor en tono de A. A estas alturas, deberías dar ya por descontado que está en 5ª posición. Si no es así, vuelve atrás y trabaja la posición del Patrón 1 en las diversas tonalidades.

La tonada está escrita en la forma de blues de 12-compases. Lo característico de la misma es un "shuffle", o sea lo que se llama "efecto triplet" o "tresillo". Tiene un swing de estilo jazzístico. Por ello, cuando cuentes el compás, debes hacerlo como sigue:

1-y-a, **2**-y-a, **3**-y-a, **4**-y-a

o bien

1-2-3, **2**-2-3, **3**-2-3, **4**-2-3

Cuando toques corcheas (dos por compás o 1-y, 2-y, 3-y, 4-y) con un "triplet", la primera nota (1 ó 2, 3, 4) debe ser más larga que la segunda (y). Empleando el contaje antes citado, así es como deben ser contadas las ocho notas:

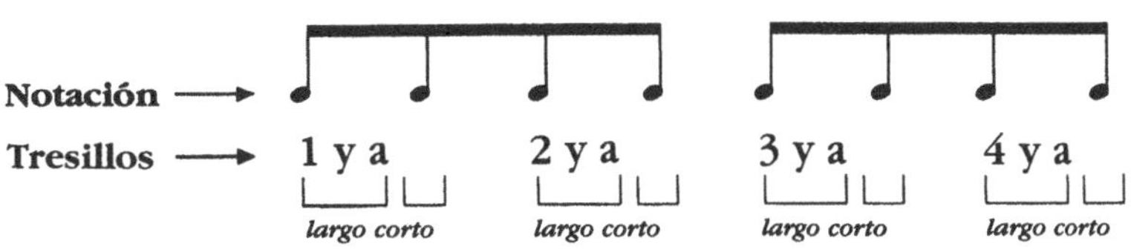

Escucha la cinta del cassette para tener una más cabal idea del "triplet".

Recuerda empezar *lentamente.*

En este ejercicio, añadimos una nueva nota a la escala. La segunda nota de la tonada es una C♯ (3ª cuerda/6º traste), que no está en la escala pentatónica menor. Pertenece al acorde I^7. (Toca un acorde A7 en el 5º traste, la fundamental en la 6ª cuerda, y mira que la nota C♯ forme parte del acorde).

Puedes emplear siempre cualquier nota del acorde en que te encuentres, esté o no en la escala que estés empleando. Siempre sonará bien.

Esta lección introduce el "hammer-on" (golpe de martillo). Para ejecutar un *hammer-on*, pulsa la nota en el traste indicado por la primera nota (número) y, sin pulsar de nuevo, golpea la segunda nota con un movimiento fuerte y duro del dedo, como dando un golpe de martillo sobre el diapasón.

Fíjate en el turnaround (tornada o rueda) de los últimos dos compases de esta pieza. Esta figura melódica es un clisé. Apréndelo muy bien, ya que es manejable y útil. Aprenderás otros más adelante en este libro.

SWINGING THE BLUES 5 6

LECCION 5

ESCALAS

Patrón Pentatónico 3

Esta lección introduce el tercer patrón de la escala pentatónica menor. El Patrón 3 comprende algunas digitaciones complejas en la mitad superior (cuerdas 1-3), por lo que debes tomar cuidadosa nota del diagrama siguiente y seguirlo exactamente.

Escala Pentatónica Menor - Patrón 3

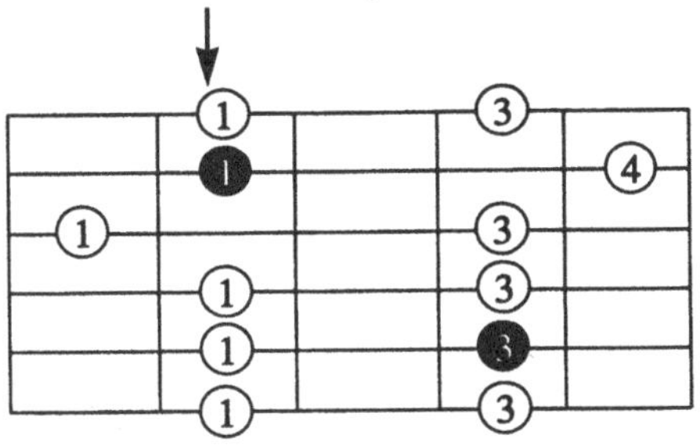

Advierte que las notas del traste apuntado por la flecha deben ser pulsadas por el 1er dedo. Fíjate también en que hay una nota sobre la 3ª cuerda que es también pulsada por el 1er dedo.

La posición de esta escala es el número de traste al que apunta la flecha. Ahí es donde están la mayoría de las notas pulsadas por el 1er dedo. Alcanzarás la nota inferior sobre la 3ª cuerda apretando *debajo* del traste, o sea "fuera de posición". El resto de las notas siguen el principio de un-dedo-por-traste. Por ejemplo, en tono de E, la flecha apuntaría al 5° traste, situándote en 5ª posición.

Advierte que la fundamental más baja es la nota más alta de la 5ª cuerda. Puedes encontrar el Patrón 3 hallando la nota que tenga el mismo nombre que la tonalidad en la 5ª cuerda, y luego colocar ahí tu 3er dedo. Esto te coloca en posición de tocar el Patrón 3.

El Patrón 3 se ajusta a la parte alta del Patrón 2 del mismo modo que el Patrón 2 se ajusta en la parte alta del Patrón 1 (ver Lección 4). Comparten notas comunes. Insistiremos en este tema en la lección siguiente. Por ahora, limítate a practicar el Patrón 3 arriba y abajo del diapasón, tal como hiciste con las dos formas anteriores.

Asimismo, sigue practicando conjuntamente los Patrones 1 y 2. Puesto que estos estudios de escalas están construidos uno sobre otro, no puedes permitirte olvidar nada del material presentado anteriormente en este libro.

ACORDES Y PROGRESIONES

El ritmo "spread" (extendido)

Pasaremos ahora a un nuevo modo de interpretar el ritmo en la progresión de blues de 12 compases. A menudo, es llamado ritmo "spread" y se basa en emplear sólo dos notas de los acordes. Puedes utilizar cualquiera de los dos patrones de movimientos de la fundamental que ya has aprendido en lecciones anteriores.

Este ritmo contiene el "efecto triplet" descrito en el ejercicio de la Lección 4.

He aquí los dos patrones en las tonalidades de A y D:

Ritmo "spread" 1, empleando el patrón de movimiento de la fundamental desde la *Serie 1* de los acordes movibles I, IV, V (Tono de A).

Escucha el ritmo del Ejercicio 3, "True Blue", para conocer un ejemplo del empleo del patrón de movimiento de la fundamental de la Serie 1 en clave de A.

Ritmo Shuffle 2, empleando el patrón de movimiento de la fundamental de la *Serie 2* de los acordes movibles I, IV , V (Tono de D).

EJERCICIO

Dobles trastes (double stops)

Esta pieza, “Double Stop Stomp”, presenta el empleo del Patrón 2 unido al Patrón 1. Tiene el mismo acento “triplet” que “Swinging the Blues”, y sigue la progresión del blues de 12 compases.

Además de los cambios de patrón de escala que encontramos en este ejercicio, toma nota de lo siguiente:

* En el compás 6, el doble traste en la 2ª y 3ª cuerdas puede resultar complicado.

Un *doble traste* consiste en dos notas (cuerdas)pulsadas simultáneamente.

Advierte que las notas del triplet siguen siendo las mismas hasta el sitio en que cambian las dos últimas notas, al descender del Patrón 2 hasta el Patrón 1.

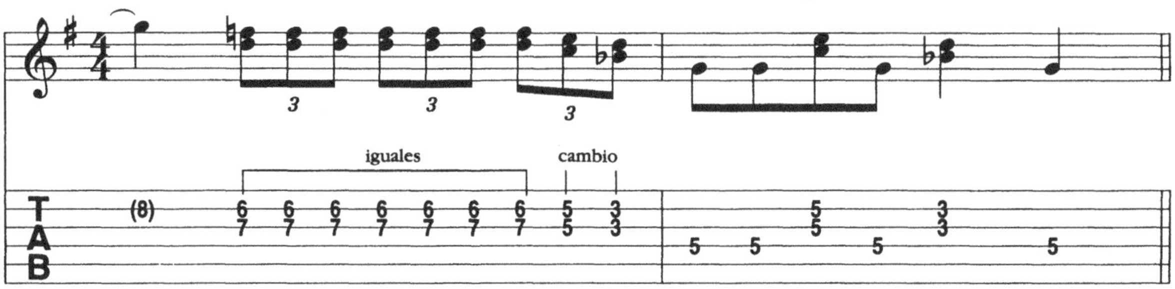

- En el compás 9, hay una A (4ª cuerda/7° traste) que no está en la escala pentatónica menor de G. Esta nota procede del acorde V, que es el acorde tocado en dicho compás.

- Recuerda que, además de los tonos regulares de escala, puedes emplear siempre cualquier nota del acorde en que te halles en la progresión. Esto añade variedad y “colorido” a tu sonido. Toca un acorde D⁷ en 5ª posición para ver cual es el origen de las notas.

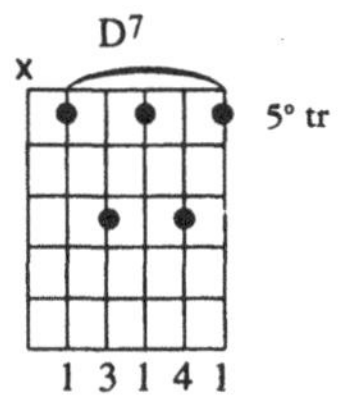

- Advierte también que el patrón que rige el compás 9 se repite en el compás 10, dos trastes más abajo, sobre el acorde IV.

- El turnaround (tornada o rueda) introduce una nueva figura melódica, una figura que es también de uso corriente en el blues. Advierte que se mueve en dirección contraria de la que figuraba en “Swinging the Blues” (Lección 4), aunque termina con la misma nota.

  Ensaya este "turnaround" juntamente con el de “Swinging the Blues” (naturalmente, en la misma tonalidad). Hay una cierta dificultad en unirlos, y su ejecución obliga a emplear un dedo libre de la mano pulsante, pero comprobarás que se acoplan estupendamente.

DOUBLE STOP STOMP 7 8

LECCION 6

ESCALAS

Conexión de los Tres Primeros Patrones e introducción del Cuarto

Llegados a este punto, deberías tocar ya con apreciable soltura los primeros tres patrones de las escalas pentatónicas menores (si es que los has ensayado diariamente). Sólo te quedan por aprender otros dos patrones. El Patrón 4 será el objeto de la presente lección.

Primero, echemos un vistazo a como el Patrón 3 encaja con los Patrones 1 y 2. Al igual que con las primeras dos formas, el Patrón 3 comparte varias notas con el Patrón 2. Las notas inferiores del Patrón 3 son las mismas que las notas superiores del Patrón 2. Este es su aspecto:

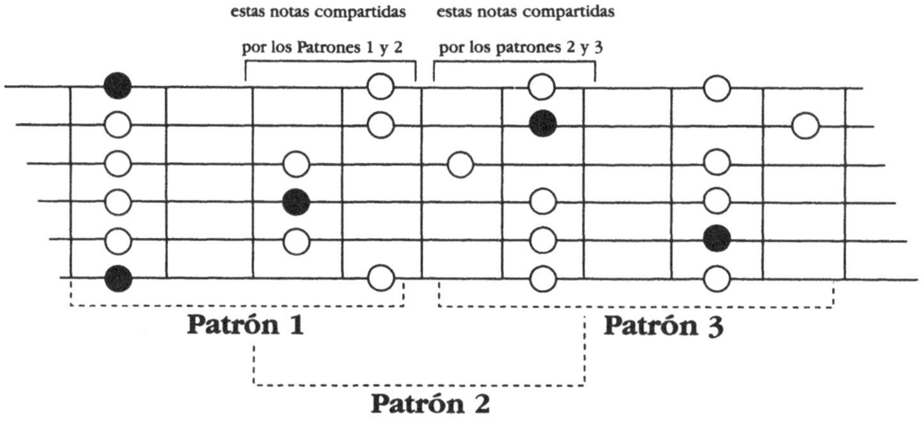

Practica los Patrones 1, 2 y 3 juntos del mismo modo que lo hiciste con los Patrones 1 y 2 juntos. Hazlo en las tonalidades de E, F, G, A y B. Deberías ser capaz ya de encontrarlas todas. Si no es así, repasa las anteriores lecciones de escalas.

Pasemos ahora al Patrón 4. Se trata de una forma muy clara, y su aspecto es éste:

Escala Pentatónica Menor - Patrón 4

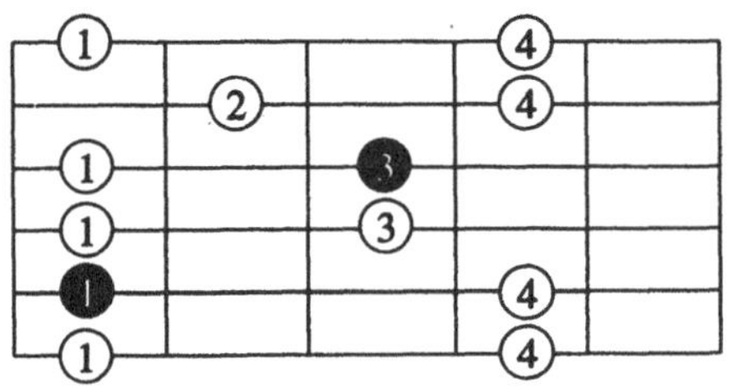

Practica el Patrón 4 tal como lo hiciste con los tres anteriores:

- sube y baja por el diapasón
- empieza en la cejilla empleando cuerdas al aire

Puedes ya comprobar como el Patrón 4 encaja con los demás. Ampliaremos este punto en la lección siguiente.

ACORDES Y PROGRESIONES

El Círculo de Quintas

En esta lección, aprenderás la manera fácil de encontrar los acordes I, IV y V en cualquier tono gracias al empleo del *círculo de quintas.* Esta es su representación:

Círculo de Quintas

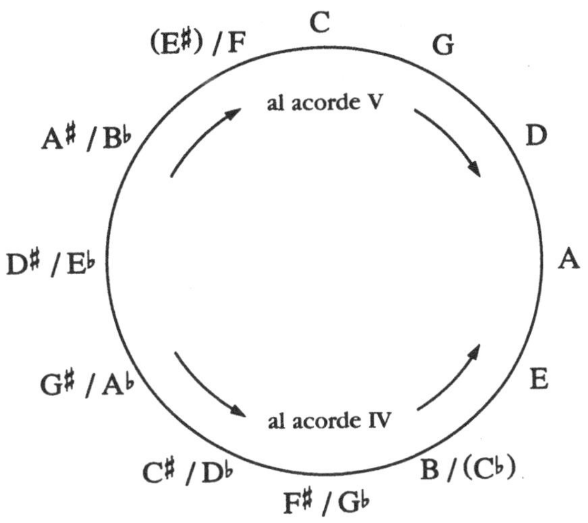

El empleo de este diagrama es muy simple. Funciona del siguiente modo.

Procedimiento	**Ejemplo**
• Pulsa cualquier nota como tonalidad, que también será el nombre del acorde I.	• Si pulsas el tono de C, el acorde I será C.
• Halla la nota en el círculo.	• La nota C está arriba.
• Moviéndote por el círculo en sentido horario, busca la letra siguiente a la hota para designar el acorde V.	• La siguiente de C está G, y el acorde V en tono de C está en G.
• Retrocede ahora a la nota muévete en sentido antihorario hasta la letra siguiente para hallar el IV acorde.	• En sentido antihorario, original y después de C está F. El acorde IV, en tono de C, es un acorde de F.

El Círculo de Quintas funciona de esta manera en cualquier tono, sea cual sea la letra que aparezca en el círculo.

Advierte que algunos puntos del círculo tienen dos notas separadas por una barra (por ejemplo, F♯/G♭). Estas son los tonos enarmónicos.

Un *enarmónico* es una nota o acorde (o, como en este caso, tono) que suena exactamente igual que otra nota o acorde pero tiene nombre distinto. Esto sucede con objeto de diferenciar entre tonalidades en sostenido y tonalidades en bemol.

Cuando se emplea una u otra de esas notas, fíjate bien en los *accidentales.*

Un *accidental* es un símbolo de sostenido (♯) o de bemol (♭).

Si pulsas una tonalidad bemol, emplea la letra bemol de las notas enarmónicas para los acordes IV y V, siempre que se pueda elegir. Por ejemplo, en tono de A♭, emplea E♭ para el V, no D♯; y llama D♭ al acorde IV, no C♯

Los acordes enarmónicos suenan igual y se tocan exactamente en el mismo lugar de la guitarra. Son los mismos acordes, pero reciben nombre distinto. Esto es importante, especialmente si decides avanzar más en teoría musical.

Finalmente, fíjate en la E♯, sobre la F del círculo, y la C♭ debajo de la B. *No emplees E♯, o C♭ como nombres de tono.* Para ello, utiliza la F o la B. La E♯, y la C♭ están sólo para seguir a las tonalidades de A♯, (E♯, es el acorde V) y de G♭ (C♭ es el acorde IV).

Busca los acordes I, IV y V de las tonalidades siguientes, y asegúrate de que tus resultados están de acuerdo con los de esta lista:

Tonalidad	I	IV	V
A	A	D	E
C♯	C♯	F♯	G♯
B♭	B♭	E♭	F
F♯	F♯	B	C♯
G	G	C	D
G♭	G♭	C♭	D♭

EJERCICIO

Estilo Delta Básico

Este ejercicio, "Delta Mood", tiene un estilo diferente del que hasta ahora has conocido en este libro. Sigue el estilo de Muddy Waters y de John Lee Hooker, y suena un poquito más "heavy" (duro) que los anteriores estudios.

La progresión de acordes es una progresión básica de blues de 12 compases; no hay "quick change" al acorde IV en el segundo compás, y permanece en el acorde I en el último compás en lugar de cambiar al V.

Advierte que la misma figura central, o "riff", se repite sobre el acorde I, y cambia un poco sobre los acordes IV y V. En realidad, en esta pieza tocamos el IV^7 y el V^7. Forma y mantén el acorde IV en los compases 5, 6 y 10, y el acorde V en el compás 9, en lugar de digitar las notas individualmente.

Escucha con atención el "feel" de esta pieza. Escucha también las grabaciones de Muddy Waters o de John Lee Hooker que puedas encontrar. Trata de encontrar las piezas de estos autores que armonicen con la misma sensibilidad. La mayor parte de sus álbumes contienen una o dos de este estilo. Es muy importante que escuches desde ahora muchas grabaciones de blues, y este libro te recomendará de vez en cuando algunos artistas idóneos.

DELTA MOOD 9

Blues Moderado
N.C.
E7
mf
A7
dejar sonar
dejar sonar
E7
B7
dejar sonar
A7
E7
1.
2.
dejar sonar

LECCION 7

ESCALAS

El Patrón de Escala Final (5ª)

Ahora que ya conoces el Patrón 4, lo conjuntaremos a los primeros tres patrones. Funciona del mismo modo que los otros, y su aspecto es éste:

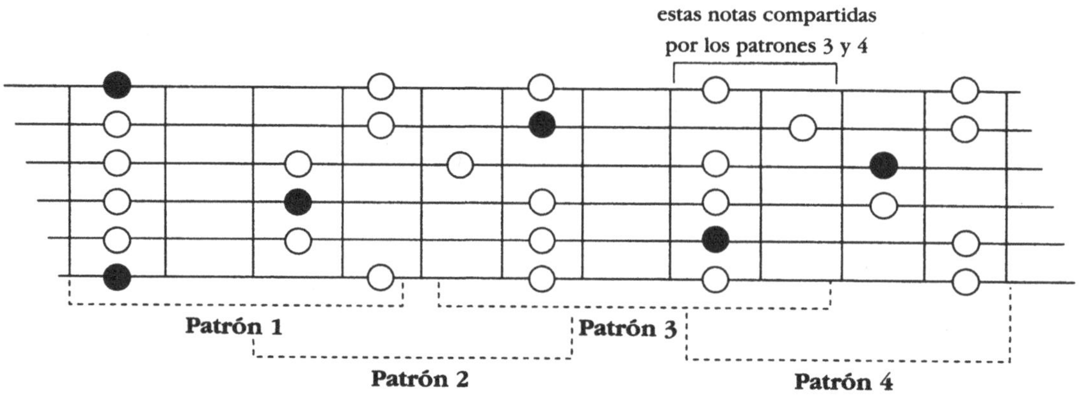

Practica los primeros cuatro patrones en tono de E (al aire) hasta el tono de A (5° traste) y vuelve de nuevo hasta abajo, moviéndote un semitono (o sea, un traste) cada vez. Empieza con el Patrón 1 en cada tonalidad.

Ahora, examinaremos la última forma de la escala pentatónica menor, el Patrón 5. Tiene esta forma:

Escala Pentatónica Menor - Patrón 5

Practica el Patrón 5 del mismo modo que hiciste con los anteriores, empezando en la posición más baja posi-

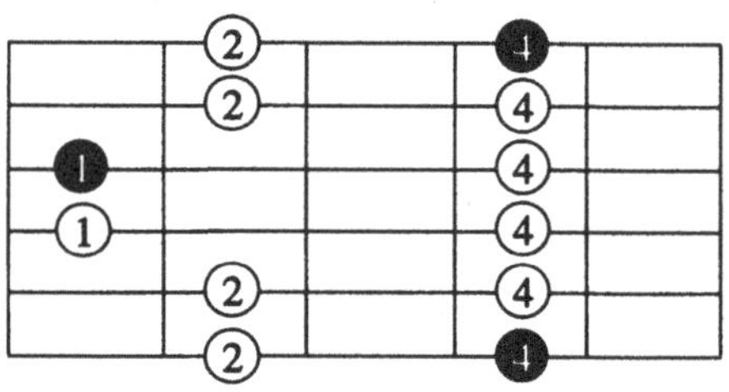

ble, y empleando cuerdas al aire para las notas más bajas sobre las cuerdas 4 y 3. Recuerda cambiar tu digitación en la posición al aire de modo que tu primer dedo ocupe el primer traste, y el resto sigan el principio de un-dedo-por-traste.

ACORDES Y PROGRESIONES

Introducción a los Acordes de 9ª

Ahora nos desplazaremos hasta un nuevo tipo de acorde: el *acorde de 9ª*. Los acordes de 9ª funcionan del mismo modo que los acordes de 7ª, por lo que pueden emplearse en todas las posiciones en que puedan emplearse los de 7ª. Siempre que puedas emplear un acorde I^7, podrás emplear un acorde I9, y siempre que puedas emplear un IV^7 podrás emplear un IV^9, etc. etc.

No obstante, descubrirás que los acordes de 9ª tienen un sonido muy distinto de los de 7ª. Suenan más suaves, más jazzísticos, quizá más "sofisticados". No te darán un sonido tan "funky" como el de un acorde de 7ª.

Los acordes de 9ª son menos útiles en la mayor parte de música de rock de base blues, pero suenan muy bien en un "shuffle" de blues como "Swinging the Blues", o en una tonada suave de "slow blues".

Examinaremos dos series de acordes de 9ª, tal como hicimos con los acordes de 7ª. Esas series emplean los mismos patrones de movimiento de la fundamental que las dos series de acordes de 7ª. Esta lección presenta la Serie 1 de acordes de 9ª:

Acordes de 9ª - Serie 1

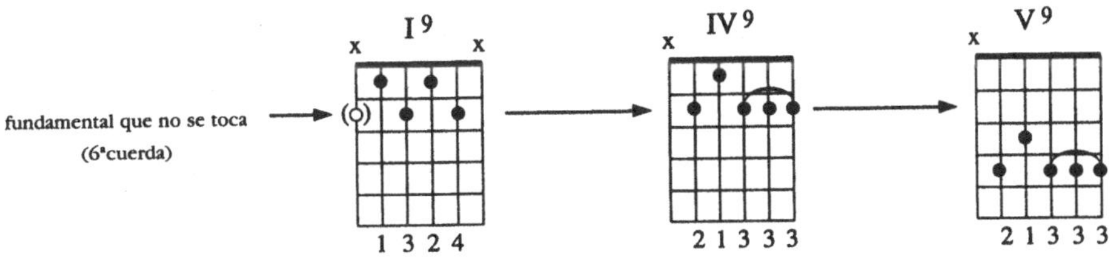

Advierte que el acorde I9 de la Serie 1 no tiene la fundamental en el bajo (sobre la cuerda inferior pulsada). *Omitimos* la fundamental inferior, pero figura marcada en el diagrama para que puedas ver el movimiento de la fundamental y, así, encontrar más fácilmente el acorde.

La fundamental puede ser tocada (opcionalmente) sobre la 1ª cuerda, pero esta digitación es mucho más difícil de ejecutar. Para empezar, emplea la forma que utiliza las cuatro cuerdas medias (de la 5ª a la 2ª).

Los acordes IV^9 y V^9 *tienen que* tener la fundamental en el bajo. Esos acordes pueden ser difíciles de digitar debido a que las tres notas superiores deben ser fijadas por sólo el 3er dedo. Para poder hacer tal cosa, el primer nudillo del 3er dedo debe realmente curvarse hacia atrás. Puedes necesitar algún tiempo antes de que tu nudillo se haga lo bastante flexible para conseguirlo.

Trata de hacerlo, pero *si sientes algún dolor en la articulación, para y descansa*. No te precipites. Esto vale para todo lo que te resulte nuevo o físicamente difícil o incómodo. *Jamás toques si sientes dolor.*

EJERCICIO

String Bends Galore (Abundancia de bends)

Como su título sugiere, "Bending the Blues" se concentra en los bends o conbaturas de las cuerdas.

Los bends son una parte importante del estilo de la guitarra de blues. Proporcionan un sonido "vocal" a la ejecución musical, y te permiten ser más expresivo y dramático. Los bends pueden ser empleados para hacer "cantar", e incluso "llorar", a tu guitarra.

Probablemente descubrirás que, con una pulsación muy baja en tu guitarra (reducida altura o longitud de cuerda), los bends son mucho más difíciles de realizar. Esto se debe a que no puedes "agarrar" bien la cuerda. Cuando haces un bend, debes digitar la cuerda un poco lateralmente, de modo que no resbale fuera del dedo. Si tocas demasiado abajo y tienes problemas, puedes tratar de tocar un poco más arriba.

Para conseguir más apoyo, puedes emplear el dedo anterior al que tienes situado en el traste para ayudarte a empujar lateralmente la cuerda. En otras palabras, si sujetas el traste con el 3er dedo, puedes también ayudar a empujar la cuerda con el dedo 2º. De manera similar, si estás "bending" la cuerda con tu 4º dedo, puedes emplear el 3º para ayudarte a empujarla. Debes tratar de desarrollar la fuerza necesaria para combar las cuerdas con soltura empleando un solo dedo cualquiera. Pero hazlo poco a poco para evitar un esguince o lesión en tu dedo.

Cuando estés "bending" las cuerdas centrales (3ª ó 4ª), ten presente la regla general de *curvar siempre alejando la cuerda de la que vas a tocar seguidamente*. Fíjate en el "pick-up" de "Bending the Blues".

> Un "pick-up" (resalte) es en este caso una figura melódica o un "riff" que conduce el primer compás completo de una tonada. Puede ser también un riff de batería, o una parte vocal, o cualquier otra instrumentación al comienzo de una pieza.

Bend la 3ª cuerda hacia arriba, alejándola de la cuerda 2ª que vas a tocar seguidamente. Si la cuerda a ser tocada a continuación es *inferior* que la que estás curvando, tira de la cuerda *hacia abajo,* lejos de la cuerda inferior. Naturalmente, si estás "bending" las cuerdas exteriores (1ª, 2ª, 5ª ó 6ª), casi siempre querrás hacerlo hacia el centro del mástil para evitar salirte del borde.

Cuando haces un bend hacia arriba hasta una nota en la que *ningun bend inverso* hacia abajo la va a suceder, *apaga* la cuerda al soltar el bend para que no se pueda oir la nota del bend al volver hacia abajo. Esto puede hacerse aflojando muy ligeramente la presión sobre la cuerda (sólo lo suficiente para parar el sonido de la misma, pero no lo suficiente para permitir que resbale de tu dedo y vuelva a su posición en el mástil). Tiene su complicación y requiere mucha práctica, pero aprendiendo esta técnica, ganarás muchísimo control sobre tus bends.

Examina de nuevo el "pick-up" de la tonada y fíjate en el primer bend. En este pick-up, combas la 3ªcuerda/7º traste hasta una E, y luego tocas esa misma E sobre la 2ª cuerda/5º traste. No debes oir la cuerda del bend regresando a su sitio cuando la sueltas entre el bend y la nota siguiente, por lo que debes "apagarla" antes de soltarla.

Este estudio ilustra la mayor parte de pasajes típicos en que aplicar los bends a las cuerdas en los Patrones 1 y 2 de la escala pentatónica menor.

Este estudio se ejecuta sobre una progresión de blues de 12 compases, en tono de A.

BENDING THE BLUES 10

LECCION 8

ESCALAS

Acoplamiento de todos los Patrones

En este punto, has aprendido los cinco patrones de la escala pentatónica menor. Se supone que te sientes ya razonablemente cómodo con todos ellos. Si no es así, retrocede y concentra tus prácticas en cada uno de los cinco patrones con los que tengas problemas. Vamos ahora a conjuntar el Patrón 5 con el resto. El diagrama siguiente muestra los cinco patrones acoplados.

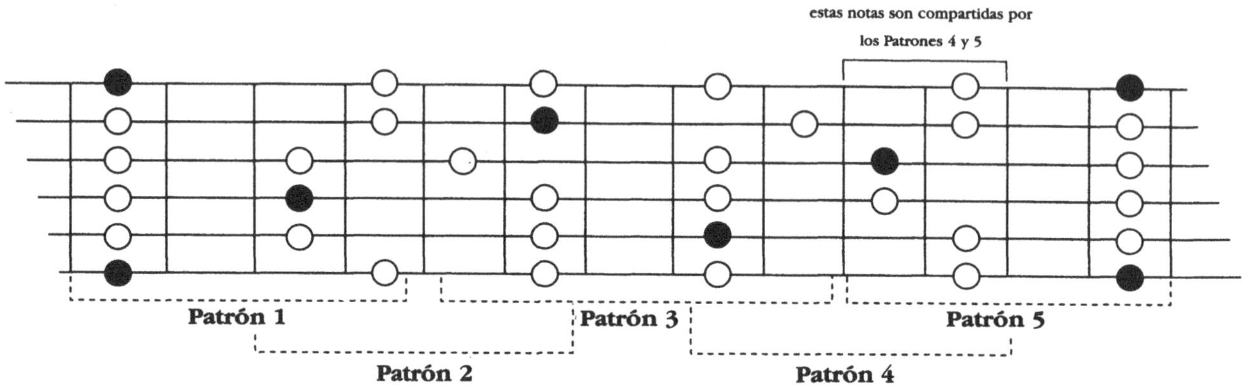

Practicarás ahora los patrones de modo algo distinto. Como se ha dicho en anteriores lecciones, los patrones de la fundamental de cada una de las formas de escala son muy importantes. Ahora pondremos más de relieve este punto.

- Empezando en tono de E, Patrón 1 (empleando cuerdas al aire), toca simplemente las fundamentales de la escala. Son tres y están marcadas con círculos negros en eldiagrama.

  Empiezan con la más baja, la 6ª cuerda, al aire; luego está la 4ª cuerda, 2º traste; y finalmente, la 1ª cuerda, al aire.
- Después de tocar las fundamentales, toca el Patrón 1 tal como lo has estado ensayando hasta ahora.
- Sube luego al Patrón 2 en la misma tonalidad, y toca las fundamentales en ese Patrón (4ª cuerda/2º traste, y 2ª cuerda/5º traste).
- Toca ahora la escala completa.
- Haz lo mismo con el Patrón 3 (fundamentales: 5ª cuerda/7º traste, y 2ª cuerda/5º traste).
- Toca el Patrón 4 (fundamentales: 5ª cuerda/7º traste, y 3ª cuerda/9º traste)
- Finalmente, toca el Patrón 5 (fundamentales: 6ª cuerda/12º traste; 3ª cuerda/9º traste, y 1ª cuerda/12º traste).

Una vez completada la tonalidad de E, sube a la tonalidad de F y repite todo el proceso. Haz lo mismo con las tonalidades de F♯ (G♭) y G.

Fíjate en las fundamentales compartidas por los Patrones adyacentes.

ACORDES Y PROGRESIONES

Acordes de ♯9ª

En esta lección, aprenderás una alteración en el acorde de 9ª: el acorde en sostenido 9ª (♯9ª). Habitualmente se escribe y se designa como un acorde de "$7^{\sharp 9}$" (por ejemplo, $E7^{\sharp 9}$). En general, el acorde de sostenido 9ª puede emplearse cuando esté indicado un acorde I^9, I^7, V^9 ó V^7.

El acorde de sostenido 9ª tiene un sonido disonante, áspero (como un "mordisco") por lo que sólo debe emplearse cuando se desee precisamente tal sonido.

El acorde I♯9 funciona bien con los acordes IV^7 y V^7, substituyendo al I7 en la Serie 2 de los acordes I^7, IV^7 y V^7. Véamoslo:

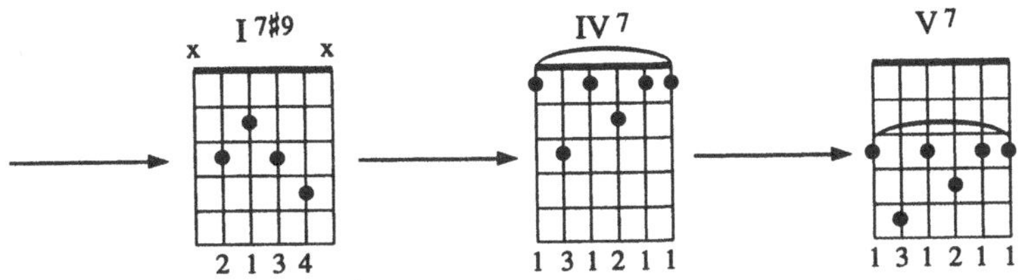

El acorde $V^{7\sharp 9}$ va bien con los acordes I^9 y IV^9 que aprendiste en la Lección 7. Es como sigue:

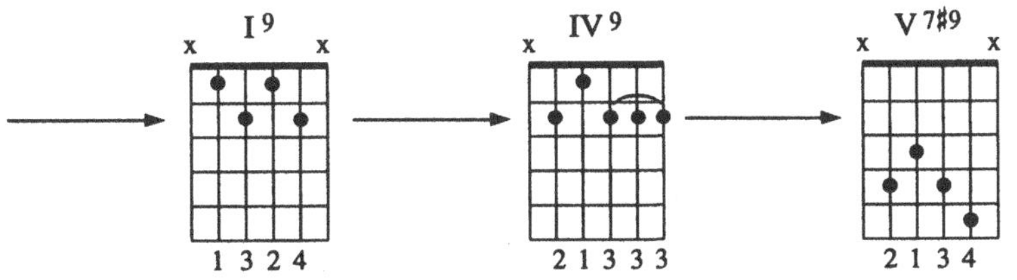

El acorde de sostenido 9ª funciona muy bien en la música blues-rock y otras músicas de rock de base blues, a diferencia del acorde de 9ª normal. Fue uno de los favoritos de Jimi Hendrix, y también lo empleó mucho Stevie Ray Vaughan.

Como ejemplos del empleo del acorde $I^{7\sharp 9}$, escucha "Come On (Part I)" de Jimi Hendrix (*Electric Ladyland*), y "Testify" de Stevie Ray Vaughan (*Texas Flood*).

Como ejemplos del acorde $V^{7\sharp 9}$, escucha "Scuttle Buttin" (*Couldn't Stand the Weather*) y "Texas Flood" (*Texas Flood*), ambas de Stevie Ray Vaughan.

EJERCICIO

Cambios de posición

El ejercicio correspondiente a esta lección amplía más aún el empleo del Patrón 2 junto con el Patrón 1 en tus ejercicios. Utiliza una gran variedad de bends, como lo harán también los demás estudios siguientes, para asegurarte la posesión de un pleno control sobre los mismos.

Está escrito en tono de B y emplea la progresión de 12 compases. Asimismo, hace uso del acorde $V^{7\sharp 9}$ introducido ya en este capítulo. Podrás encontrarlo en el primer compás, tanto del primer como del segundo final.

Este es el último de los ejercicios para principiantes y estudiantes de grado medio. Los ejercicios siguientes progresan desde el nivel de ejecución intermedio hasta el avanzado/intermedio, por cuyo motivo *debes asegurarte* de que lo dominas bien antes de seguir adelante. Si tienes problemas con alguno de tales ejercicios, retrocede ahora y repásalos todos hasta dominarlos, incluso si necesitas para ello otra semana o más.

BENDS, SLIDES AND SHIFTS 11

LECCION 9

ESCALAS

Ejecución de escalas en todo el diapasón

Ahora ya has conjuntado los cinco patrones de la escala pentatónica menor y, por lo tanto, ha llegado el momento de "completar" todo el diapasón en todos los tonos.

Primero, examinaremos como se repiten las formas de los patrones de escala. Recuerda que el Patrón 5 encaja en la parte alta del Patrón 4, y como las notas inferiores del Patrón 5 hacen lo mismo con las superiores del Patrón 4. Fíjate ahora en las notas *superiores* del Patrón 5, y observa que la forma que toman, con la fundamental de la escala sobre las cuerdas 6ª y 1ª, tiene el mismo patrón que el de las notas *inferiores* del Patrón 1. De hecho, son *las mismas notas.* El Patrón 1 encaja en la parte alta del Patrón 5, iniciando nuevamente el ciclo de patrones de escala (tan arriba del diapasón como tu puedes llegar).

Por ejemplo, en tono de E, toca todos los patrones empezando por el Patrón 1 con cuerdas al aire, ascendiendo hasta el Patrón 5 en la 9ª posición (con todas las notas superiores sobre el 12º traste). Luego, toca el Patrón 1 en lo alto del mismo, en el 12º traste. Aun puedes subir hasta el Patrón 2, encima del anterior, y al Patrón 3, por sobre del mismo, y así hasta que te salgas del límite de los trastes. Así es su disposición:

Escala Pentatónica Menor E sobre todo el diapasón

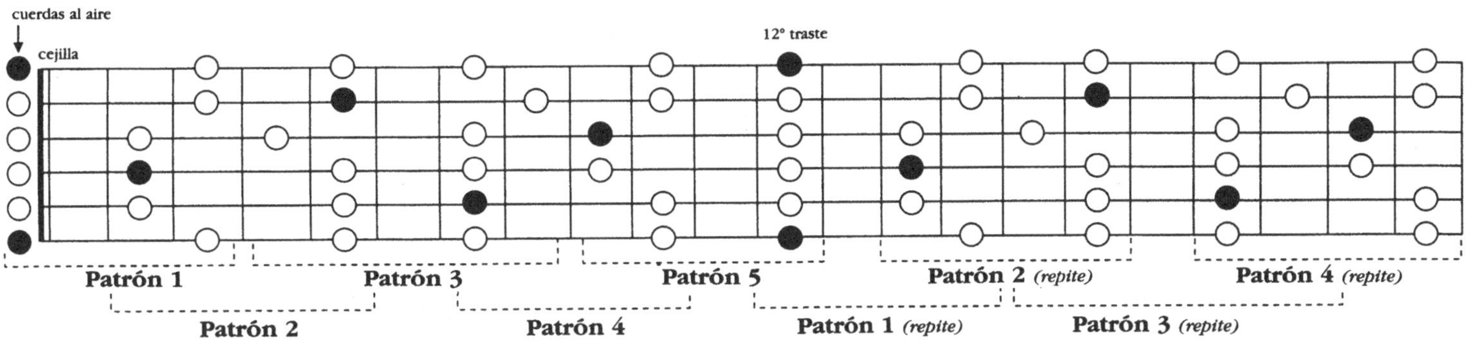

Del mismo modo que el Patrón 1 se repite encima del Patrón 5 en tono de E, puedes también encontrar al Patrón 5 *debajo* del Patrón 1 inferior en algunas tonalidades. Por ejemplo, en tono de A, el Patrón 1 se encuentra en el 5º traste, y puedes tocar el Patrón 5 debajo del mismo, en el 2º traste, compartiendo las notas del 5º traste. Puedes también tocar el Patrón 4 debajo del Patrón 5 en tono de A, en posición al aire. Este es su aspecto:

Escala Pentatónica Menor A sobre todo el diapasón

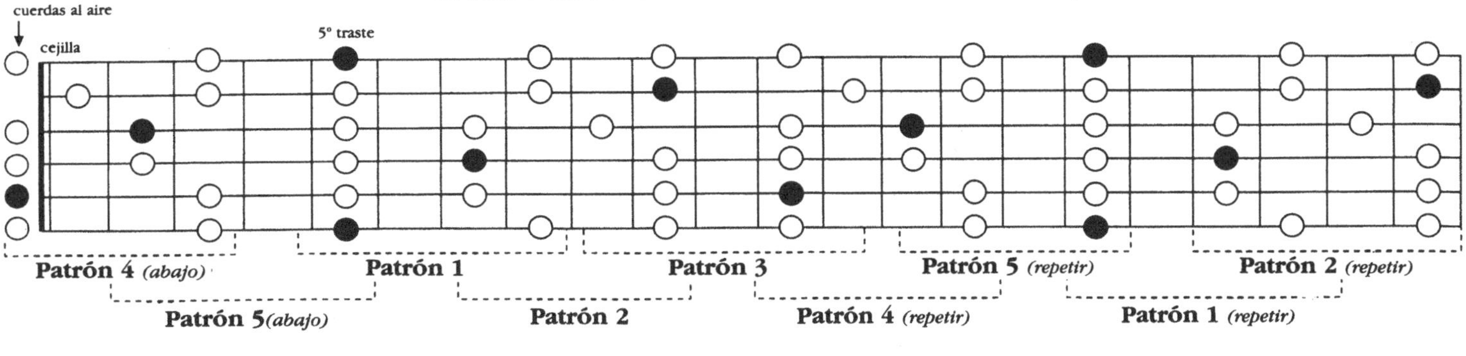

Puedes ver que el Patrón 1 no es siempre la forma de escala más baja posible en una determinada tonalidad. De hecho, solamente es la forma más baja en los tonos de E, F y F♯ (o G♭). Después de ésta (en G), podemos encajar un Patrón 5 completo por debajo del Patrón 1.

De ahora en adelante, cuando practiques tus escalas, empieza siempre con el *patrón completo lo más bajo posible sobre el diapasón*. Ya hemos visto que, en tono de E, el Patrón 1 es el más bajo; y en tono de A, lo es el Patrón 4.

En algunas tonalidades, puedes tocar una parte importante de un Patrón por debajo del patrón completo más bajo. En tono de B, por ejemplo, puedes tocar las tres cuerdas inferiores del Patrón 3, pero la nota más baja en la 3ª cuerda, F♯, estaría más baja que la cejilla, por lo que es imposible. Por ahora, no te preocupes por los patrones bajos *parciales* posibles. Empieza siempre con el patrón más bajo *completo.*

Practica los patrones de escala en las siguientes tonalidades, desde el patrón más bajo posible, ascendiendo hasta el patrón más alto que puedas alcanzar (Nota: la lista de tonalidades sigue el círculo de quintas en sentido horario).

Tonalidad	Patrón Completo Más Bajo	En el traste
G	V	al aire
D	II	al aire
A	IV	al aire
E	I	al aire
B	IV	2º
F♯/G♭	I	2º

ACORDES Y PROGRESIONES

Más acordes de 9ª

Veamos ahora una serie de acordes de 9ª, con el mismo patrón de movimiento de la fundamental que la Serie 2 de los acordes I^7, IV^7, V^7. Las formas reales de los acordes son las mismas que las de los acordes de la Serie 1 de I^9, IV^9, V^9, pero tienen un arreglo distinto, igual al de la Serie 2 de los I^7, IV^7, V^7. Este es su aspecto:

Serie 2 - I9, IV9, V9

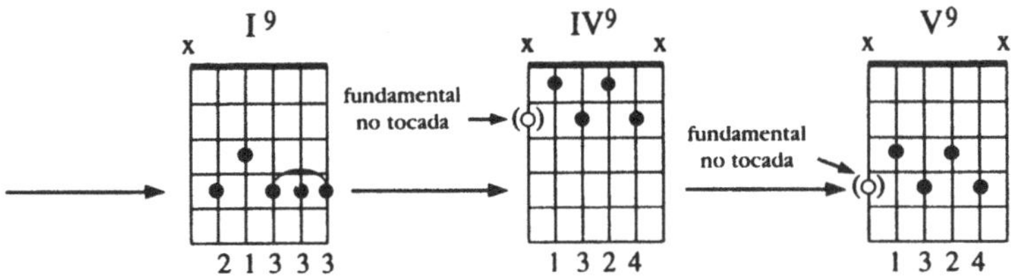

De nuevo, el acorde I9 puede ser substituído por el acorde $I^{7\sharp9}$:

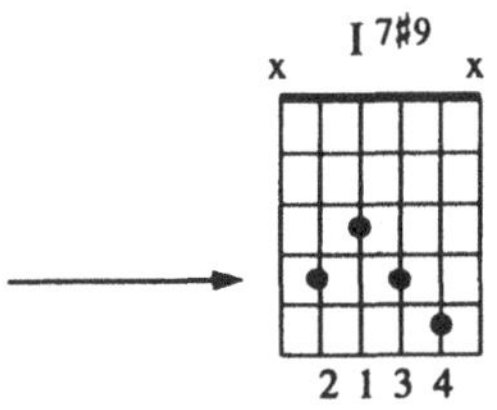

Y el acorde V9 puede ser substituído por el siguiente acorde $V^{7\sharp9}$ (para tí, una nueva forma de acorde)

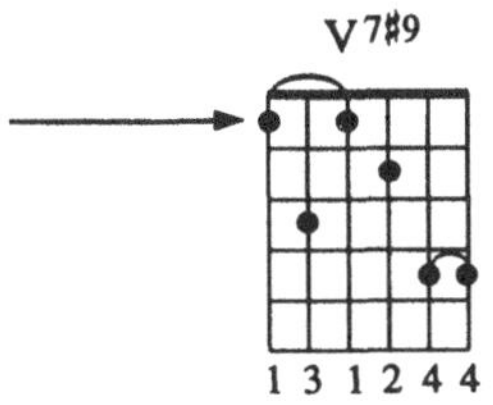

Nota: la flecha sigue apuntando al mismo traste de los diagramas anteriores.

EJERCICIO

Funky en Semicorcheas

El ejercicio para esta lección tiene un acento distinto a todo lo presentado hasta ahora. Es mucho más "funky". La melodía y los riffs son más "crisper", sin ninguna influencia swing o triplet. Esto se consigue empleando un "feel de semicorchea". Cada *tiempo* debe sentirse como dividido en cuatro partes iguales. En un compás de cuatro tiempos, se cuenta como sigue:

1-2-3-4, **2**-2-3-4, **3**-2-3-4, **4**-2-3-4

o

1-nota semicorchea, **2**-nota semicorchea, **3**-nota semicorchea, **4**-nota semicorchea

Crea una especie de ritmo de "chuk-a-chuk-a, chuk-a-chuk-a". No siempre tocamos una nota para cada una de las cuatro divisiones del tiempo, sino que empleamos un grupo de "semicorcheas" que da esta sensación.

Se toca sobre una progresión de blues de 12 compases en clave de B♭.

Como un excelente ejemplo de acento "funky", así como de un gran trabajo de guitarra "crisp", escucha el álbum *"Ice Pickin"* de Albert Collins. Fue un maestro que no debe faltar en ninguna colección de grabaciones de blues.

GETTING FUNKY 12 13

LECCION 10

ESCALAS

Ampliando la ejecución de escalas y la pulsación alternada

En la Lección 9, empezaste a practicar las escalas por tonalidades, empezando con el patrón completo más bajo posible y ascendiendo por toda la longitud del diapasón hasta donde podías alcanzar. Vamos a seguir este método de práctica de escalas, abarcando las seis tonalidades restantes. Es como sigue:

Tonalidad	Patrón Completo Más Bajo	En el traste
C♯	III	2
G♯/A♭	V	1
E♭	II	1
B♭	IV	1
F	I	1
C	III	1

En esta lección, como en la anterior, nos moveremos a través de muchas tonalidad (de hecho, todas ellas) muy rápidamente, por lo que puedes encontrarlo confuso y difícil. Si es así, debes invertir una o más semanas extra antes de pasar a la lección siguiente.

Es ya tiempo de introducir un nuevo elemento en tu práctica de escalas: *la pulsación alternada.*

> La *pulsación alternada* es la técnica de alternar rasgueos arriba y abajo de la pulsación. Es decir, si empiezas con un rasgueo *hacia abajo* de la pulsación (1ª nota), la segunda nota debe ser un rasgueo *hacia arriba,* el siguiente *hacia abajo,* etc., siguiendo el mismo patrón.

Este método de pulsación te permitirá desarrollar un estilo de tocar más suave y más rápido. Si aun no empleas la pulsación alternada, empieza ahora, manteniéndola estrictamente sin variación hasta que sientas que la dominas. Seguidamente, reproducimos un ejercicio para ayudarte a empezar:

Ejercicio de pulsación alternada

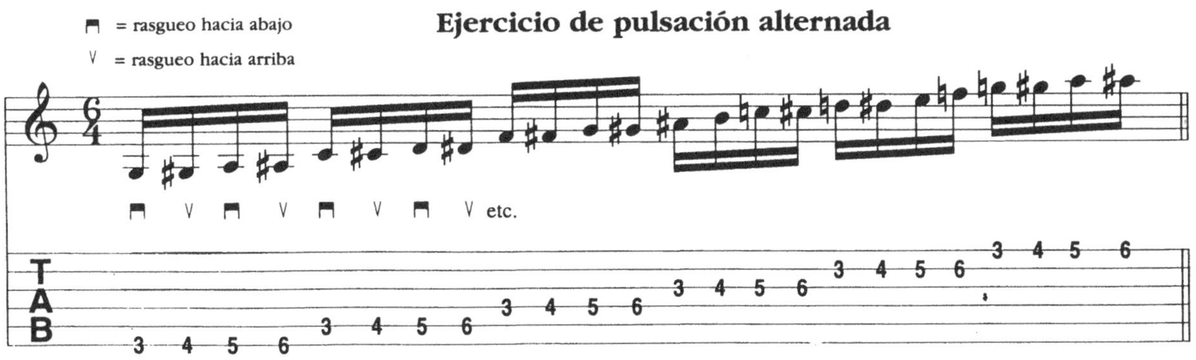

El patrón tiene este aspecto:

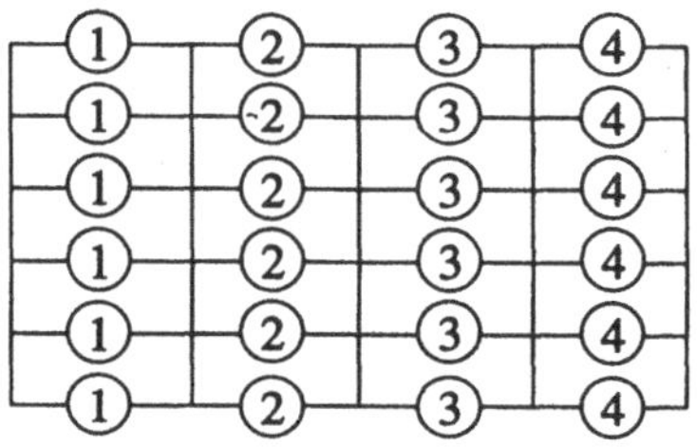

Primero, empieza con un rasgueo hacia abajo: ⊓ V ⊓ V
Luego, ensaya empezar con un rasgueo hacia arriba: V ⊓ V ⊓

Este ejercicio de pulsación alternada puede tocarse en cualquier posición en el mástil. Asegúrate de tocar las notas uniformemente, sin que ningún rasgueo sea más fuerte o más débil que otro. El problema más corriente con la pulsación alternada consiste en hacer el rasgueo descendente más fuerte que el ascendente. Si un rasgueo continúa resultando más fuerte que el otro, refuerza el más débil *acentuándolo* en los ejercicios. En realidad, toca más fuerte a propósito.

ACORDES Y PROGRESIONES

Repaso de los acordes de 7ª y de 9ª

En este punto, deberías ya sentirte seguro respecto a los acordes de 9ª. También debes seguir dominando los acordes de 7ª. En esta lección, repasaremos todas las series de acordes que has aprendido y veremos la manera de conjuntarlos en una progresión estandar de blues de 12 compases.

A continuación, figuran todos los acordes que has aprendido hasta ahora, ordenados por series, con el mismo patrón de movimiento de la fundamental:

SERIE 1

Acordes de 7ª

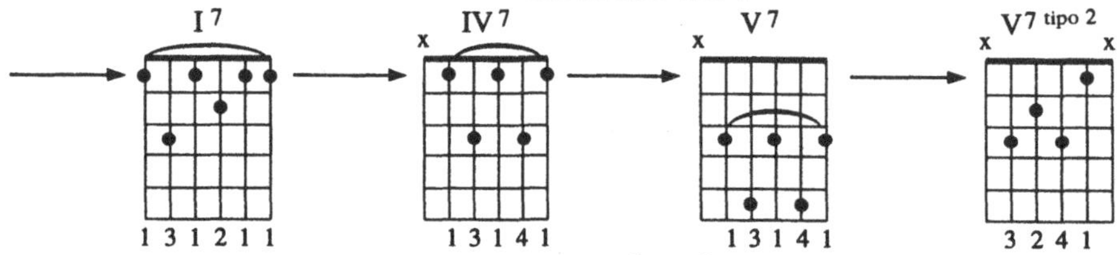

Acordes de 9ª

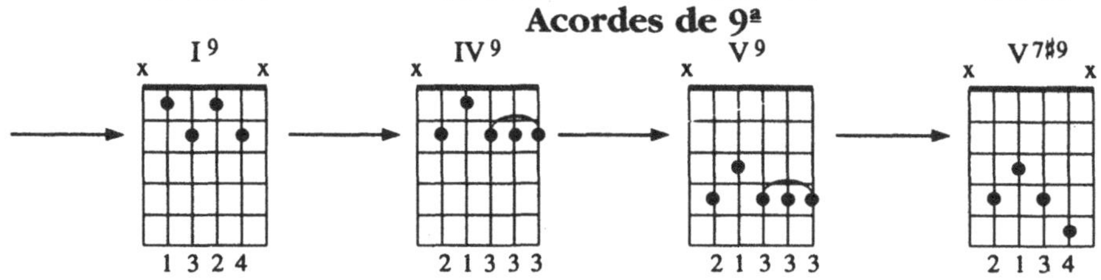

SERIE 2

Acordes de 7ª

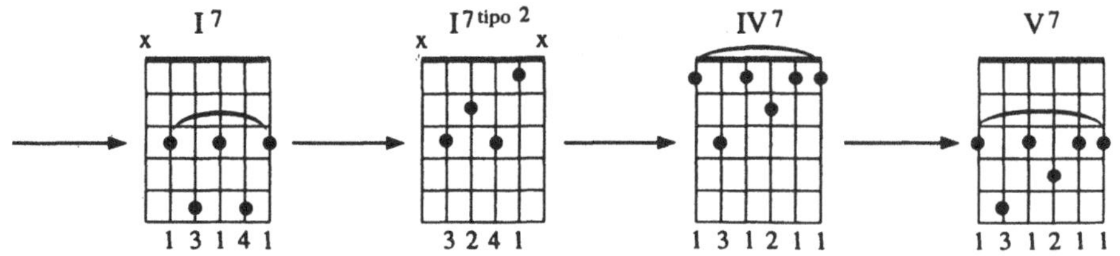

Acordes de 9ª

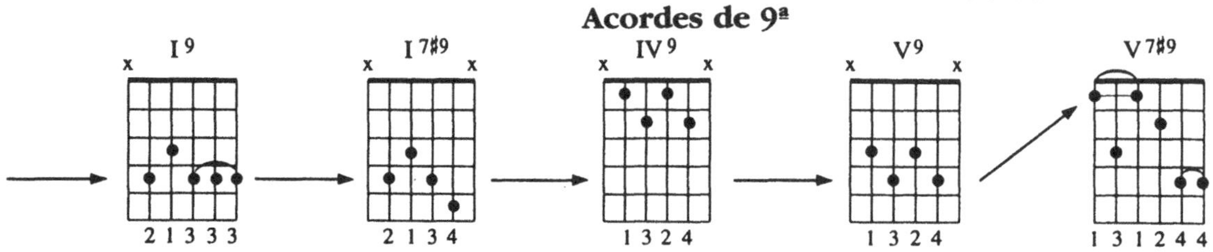

En los ejercicios siguientes, el símbolo del acorde es seguido por el número de serie de la que procede [(1) ó (2)]. La posición en que se encuentra sobre el diapasón está marcada debajo, dentro de un círculo (por ejemplo: 3ª posición marcada ③). En el caso de los acordes, la posición se refiere al traste más bajo que contenga una nota del acorde.

En el primer ejercicio, toca la progresión de blues de 12 compases completa, 3 veces. La primera vez, emplea sólo los acordes de la Serie 1. En la segunda, usa solamente los acordes de la Serie 2. En la tercera, emplea los acordes de ambas series. Advierte que, a veces, está indicada una forma alternativa (tipo 2).

Ejercio de Acordes 1 - Acordes de 7ª - Tono de G

Serie 1:

4/4 I^7(1) ③	IV^7(1) ③	I^7(1) ③	I^7(1) ③
IV^7(1) ③	IV^7(1) ③	I^7(1) ③	I^7(1) ③
V^7(1) ⑤	IV^7(1) ③	I^7(1) ③	V^7 (1-type 2) ③

Serie 2:

4/4 I^7(2) ⑩	IV^7(2) ⑧	I^7(2-type 2) ⑧	I^7(2) ⑩
IV^7(2) ⑧	IV^7(2) ⑧	I^7(2-type 2) ⑧	I^7(2) ⑩
V^7(2) ⑩	IV^7(2) ⑧	I^7(2) ⑩	V^7(2) ⑩

Combinadas:

4/4 I^7(1) ③	IV^7(2) ⑧	I^7(2-type 2) ⑧	I^7(1) ③
IV^7(1) ③	IV^7(2) ⑧	I^7(2-type 2) ⑧	I^7(2) ⑩
V^7(2) ⑩	IV^7(2) ⑧	I^7(2-type 2) ⑧	V^7(1) ⑤

El Ejercicio 2 funciona del mismo modo que el ejercicio 1, solamente con acordes de 9ª. Seguimos con acordes normales de 9ª y no empleamos ninguno de 9ª sostenido.

Ejercicio de acordes 2 - Acordes de 9ª - Tono de G

Serie 1:

4/4					
$I^9(1)$ ②	$IV^9(1)$ ②	$I^9(1)$ ②	$I^9(1)$ ②	$IV^9(1)$ ②	$IV^9(1)$ ②
$I^9(1)$ ②	$I^9(1)$ ②	$V^9(1)$ ④	$IV^9(1)$ ②	$I^9(1)$ ②	$V^9(1)$ ④

Serie 2:

4/4					
$I^9(2)$ ⑨	$IV^9(2)$ ⑦	$I^9(2)$ ⑨	$I^9(2)$ ⑨	$IV^9(2)$ ⑦	$IV^9(2)$ ⑦
$I^9(2)$ ⑨	$I^9(2)$ ⑨	$V^9(2)$ ⑨	$IV^9(2)$ ⑦	$I^9(2)$ ⑨	$V^9(2)$ ⑨

Combinadas:

4/4					
$I^9(1)$ ②	$IV^9(2)$ ⑦	$I^9(2)$ ⑨	$I^9(1)$ ②	$IV^9(1)$ ②	$IV^9(2)$ ⑦
$I^9(1)$ ②	$I^9(2)$ ⑨	$V^9(2)$ ⑨	$IV^9(2)$ ⑦	$I^9(1)$ ②	$V^9(1)$ ④

Como tercer ejercicio, substituye todos los acordes V^9 del anterior ejercicio por acordes V♯9.

Después de que te hayas familiarizado con estos ejercicios, ensaya *trasponerlos* a las tonalidades de A, F, C y D.

> *Transponer* significa pasar una tonada o una progresión de acordes a otra tonalidad. Los cambios de melodías, riffs y acordes siguen siendo exactamente los mismos, pero se mueven arriba y abajo pasando a una tonalidad de nivel distinto.

Este ejercicio puede darte mucho trabajo, por lo que debes darte tiempo antes de pasar a la lección siguiente. Así, además, tendrás más tiempo para trabajar tus escalas.

EJERCICIO

Empleo del Patrón 4 en un Solo

El Ejercicio 10 está escrito en tono de E♭, empleando la progresión de blues de 12 compases. Esta puede parecer una tonalidad poco habitual, pero si alguna vez tocas con un músico de saxofón o de trompeta, te felicitarás de que te sea familiar porque los instrumentistas de viento adoran las claves en bemol, especialmente la E♭ y la B♭.

El presente estudio está escrito en el Patrón 4 de la escala pentatónica menor (6ª posición). Advierte que el Patrón 4 es similar al Patrón 1, y que puedes tocar gran parte de los mismos riffs en cualquiera de ambas formas.

El "slide" del compás 1 (tiempo 7) se ejecuta tocando la nota indicada y "deslizándose" abajo unos cuantos trastes por la cuerda, para luego apagarla. No es necesario precisar por cuantos trastes hay que deslizarse.

LAZY DAY BLUES 14

LECCION 11

ESCALAS

Teoría de las escalas: Adición del Tono ♯4/♭5

En esta lección, examinaremos brevemente algo de la teoría de las escalas. Más adelante, añadiremos algunas notas a las escalas pentatónicas menores para dar cierto "color" a tu manera de tocar. En realidad, los estudios de blues que has estado aprendiendo han incluído en su desarrollo algunas notas extra, cosa que probablemente habrás ya advertido.

En primer lugar, veremos la escala *natural menor,* que tiene siete notas incluyendo las cinco de la escala pentatónica menor. Empezando con la primera nota (la fundamental) podemos numerar las notas de la 1 a la 7. Se dispone como sigue (en tono de C, Patrón 1):

Escala Natural Menor de C

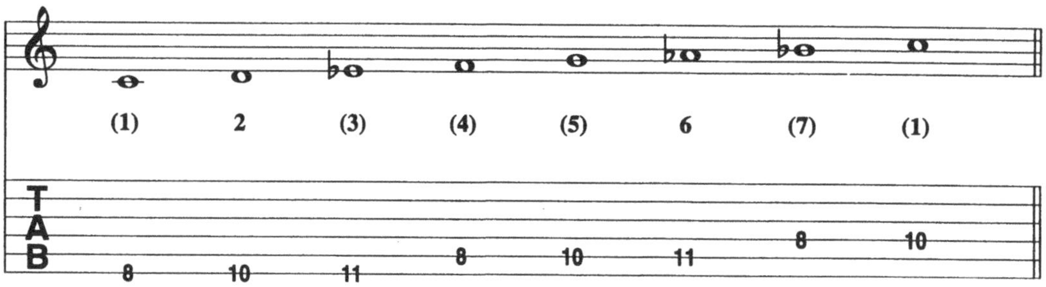

Las notas de la escala pentatónica menor C están entre paréntesis. Puedes ver que la escala pentatónica se compone de las notas 1, 3, 4, 5 y 7 de la escala natural menor. Cuando tratamos de las distintas notas de la escala, empleamos esos números. Al principio, puede parecer un poco confuso, pero te irás acostumbrando a ello.

Empleando el sistema numérico así descrito, podemos asignar un número a cualquier nota que añadamos a la escala pentatónica. Podemos decir que "sostenemos" (♯) o *elevamos* una nota de la escala; o que podemos "bemolizar" (♭) o *bajar* una nota.

Este sistema numérico no es en absoluto esencial para tu aprendizaje, pero es sumamente útil en el tratamiento de las escalas empleadas en música.

Demos ahora una ojeada a algunos "tonos añadidos".

Una de las notas que hemos ido añadiendo por el camino es la ♯4 o ♭5, la "nota blue". (Son la *misma nota). Es la* nota entre los "escalones" (notas) 4ª y 5ª de la escala. Cuando se añade esta nota a la escala pentatónica menor, a la resultante escala combinada podemos darle el nombre de *escala de blues.* Así es como aparece en el Patrón 1 (la nota blue está representada por un círculo con un punto interior):

Escala de Blues - Patrón 1

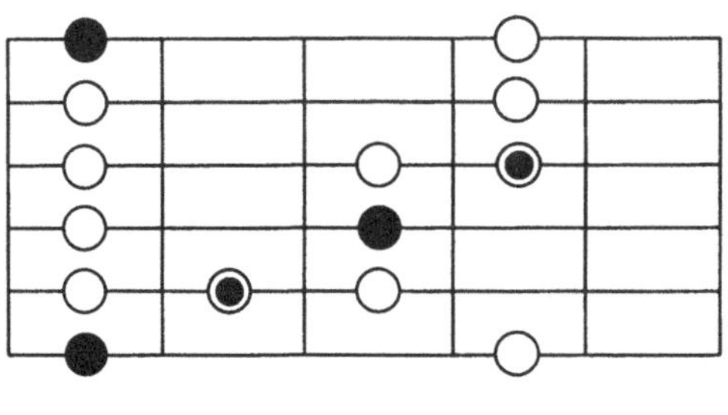

En general, esta nota blue sería llamada ♯ 4 al ascender hasta (o pasar del) 5° escalón; o ♭5 al descender (o pasar del) 4° escalón. Esto es debido a que, en la teoría musical, muy raramente te desplazarás desde una *nota alterada* (♯ o ♭) hasta la nota natural (♮) del mismo nombre.

Por ejemplo, en tono de C, llamamos F♯ a G (♯ 4 a 5), no G♭ a G (♭5 a 5), a pesar de que F♯ y G♭ son la misma nota en la guitarra; o, en tono de A, llamamos E♭ a D (♭5 a 4), no D♯ a D (♯ 4 a 4).

Patrón 2

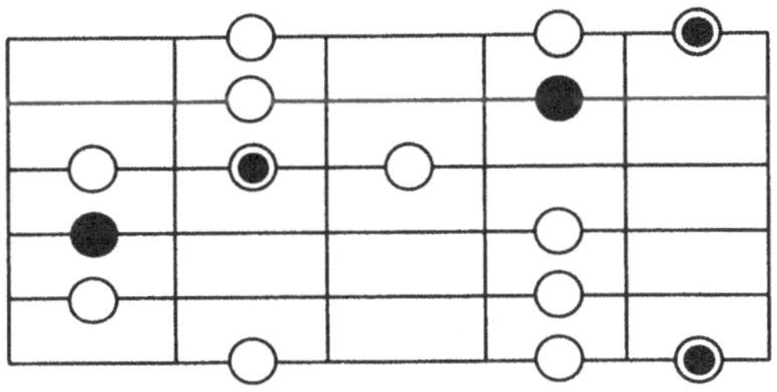

Patrón 3

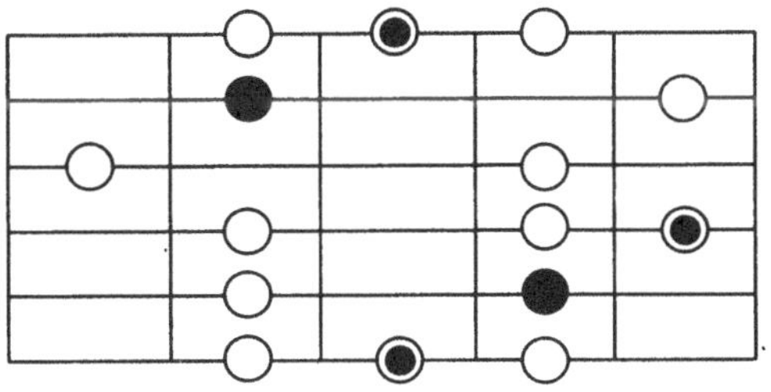

Patrón 4

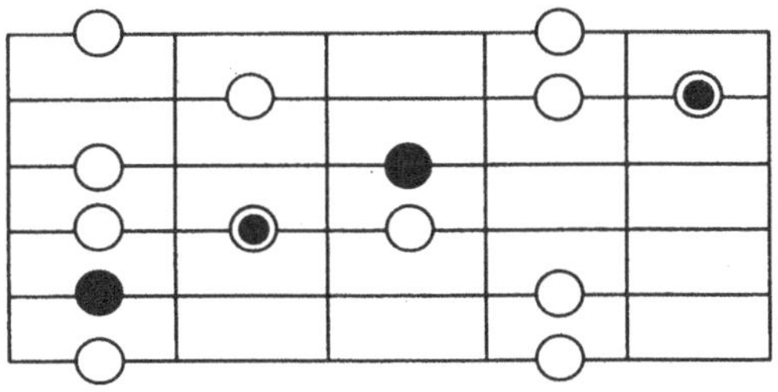

Patrón 5

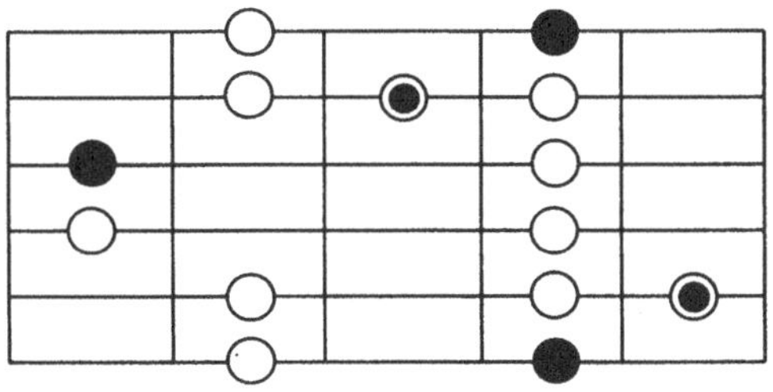

Fíjate que, en algunos casos, puedes salir fuera de posición y tocar la misma nota ♯ 4/♭5 en dos cuerdas distintas. Por ejemplo, en el Patrón 2, puedes tocar la más baja, bien en la 6ª cuerda con el 4° dedo, o bien alargarte y tocarla en la 5ª cuerda con el 1er dedo.

Los otros sitios en que existe posibilidad de elegir el punto en que tocar la ♯ 4/♭5 son:

- Patrón 4 - 2ª cuerda/4° dedo - o - 1ª cuerda/1er dedo
- Patrón 5 - 5ª cuerda/4° dedo - o - 4ª cuerda/1er dedo

En general, es mejor extenderte hacia arriba cuando subes en la escala, y extenderte hacia abajo cuando bajas.

Otro tono añadido que hemos estado empleando es *la tercera natural* (3♮). Fíjate en el "pick-up" de "Swinging the Blues", en la Lección 4. Las dos primeras notas son C y C♯ : ♭ 3 y ♮3 en la tono de A. La ♮3 es parte del acorde I. Toca un A^7 en el 5° traste y fíjate en la 3ª cuerda. Puesto que ♮3 es una nota del acorde I, puede ser empleada cuando se toca el acorde I. Veremos otros tonos añadidos en lecciones posteriores.

ACORDES Y PROGRESIONES

Turnarounds (tornadas o ruedas)

En esta lección, nos concentraremos en los *"turnarounds alternados".* Recuerda que los dos últimos compases de la progresión de blues de 12 compases se denominan "turnarounds". La función del" turnaround" es desplazarse del acorde I al acorde V, que "pretende", o bien retroceder hasta la cabeza de la tonada y repetirla de nuevo, o bien ir al final del acorde I y terminar la pieza.

Toca I^7, IV^7, V^7 y mantén el acorde V^7. ¿Te parece "solucionado"? Toca ahora un acorde I^7,y mira si finalmente suena "acabado". Probablemente, opinarás que así es.

Así es como actúa el "turnaround": cuando alcanzas el acorde V^7 final, necesitas ir a alguna otra parte, bien a la cabeza o bien al acorde I^7 para finalizar.

Presentamos aquí algunas alteraciones y substituciones para el "turnaround". Este gráfico contiene algunos números romanos en minúsculas utilizados para los símbolos de acordes. Representan acordes menores que revisaremos más adelante en este libro.

Ensaya tocando estos "turnarounds" en los dos últimos compases de la progresión de blues de 12 compases. Hazlo en diversas tonalidades. Recuerda que todas las flechas apuntan al mismo traste.

Turnarounds alternados

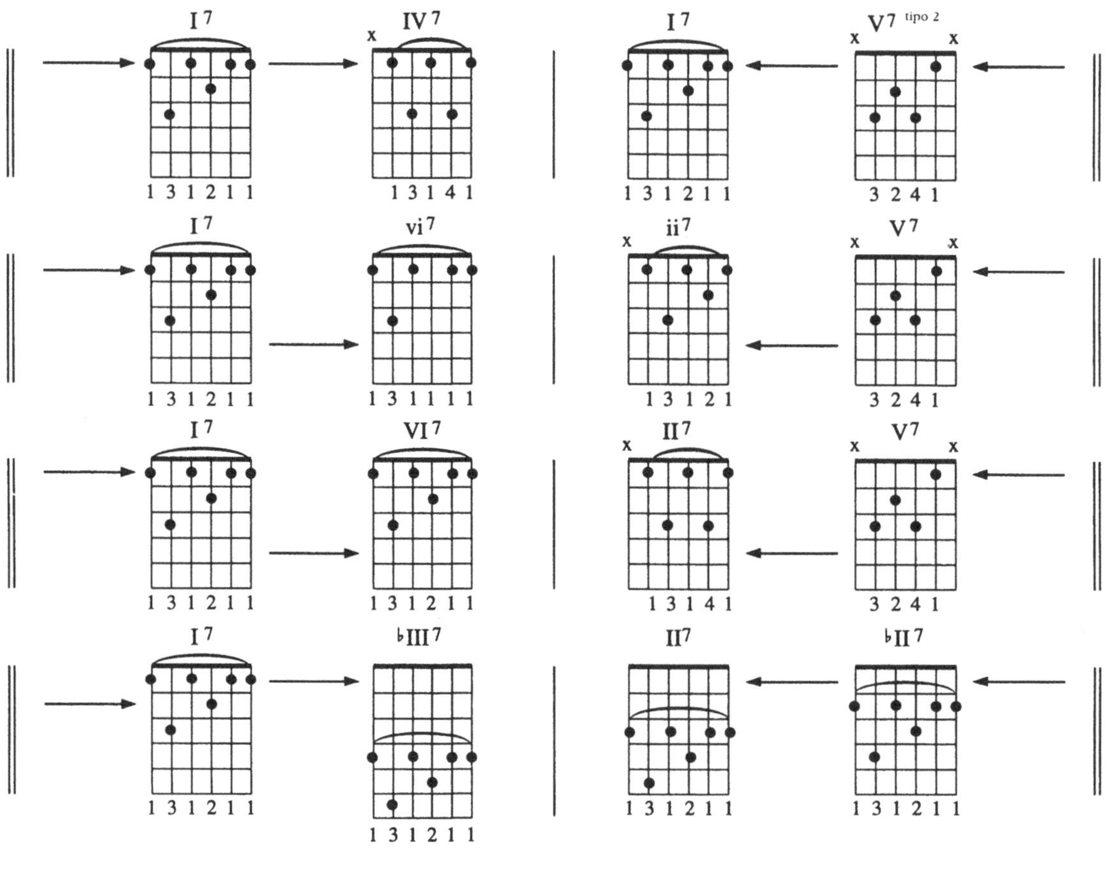

EJERCICIO

Estilo acorde melódico

"Ninth Chord Blues", el estudio para esta lección, ilustra el empleo de los acordes de 9ª en un solo de blues. Observa el uso de notas que no están en la escala pentatónica menor. Asimismo, fíjate en el slide arriba o abajo de un traste en los acordes I^9, IV^9 o V^9. Está escrito en tono de A sobre una progresión de 12 compases.

Como un excelente ejemplo del empleo de acordes de 9ª, escucha "T-Bone Blues" por T-Bone Walker.

NINTH CHORD BLUES 15

LECCION 12

ESCALAS

Más teoría de escalas: Introducción a la Escala Pentatónica Mayor

Ahora debes sentirte ya cómodo con todos los patrones de las escalas pentatónicas menores en la mayoría de tonalidades. Si tienes aun alguna dificultad con el material de las Lecciones 10 y 11, vuelve atrás y repásalas de nuevo. En la presente lección, pasaremos al otro tipo de escala pentatónica, a la *pentatónica mayor.*

La escala pentatónica mayor es, de nuevo, una escala de cinco notas, pero como su nombre indica, tiene un sonido "mayor". Se deriva de la escala *diatónica mayor* (la escala do-re-mi-fa-sol-la-si-do), igual que la escala pentatónica menor deriva de la menor natural. He aquí la escala mayor en tono de C:

Escala Mayor de C

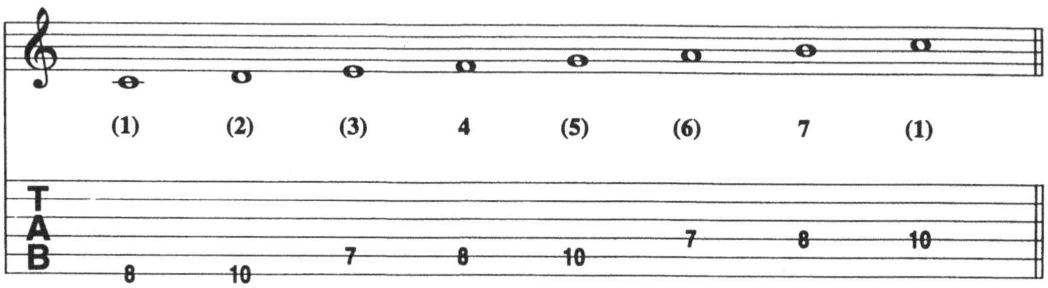

Como en el caso de la escala natural menor de la última lección, las notas empleadas en la escala pentatónica (esta vez *mayor*) se indican entre paréntesis. Nota el empleo de los tonos de escala 1, 2, 3, 5 y 6. No te rompas la cabeza sobre esto si no te parece claro. Lo que *es* importante es comprender con claridad lo que sigue.

Hay cinco patrones de escala pentatónica mayor, igual que hay cinco patrones de pentatónica menor. Los *patrones de la fundamental* de cada uno de esos patrones, que nuevamente llamaremos Patrones del 1 al 5, son *exactamente los mismos* que los patrones de la fundamental de las escalas pentatónicas menores. Sólo que la escala en torno a las fundamentales está construída de manera un poco distinta, con objeto de darle el sonido mayor. Compara el Patrón 1 de la escala pentatónica mayor con el Patrón 1 de la menor.

Patrón 1 - Pentatónica Mayor

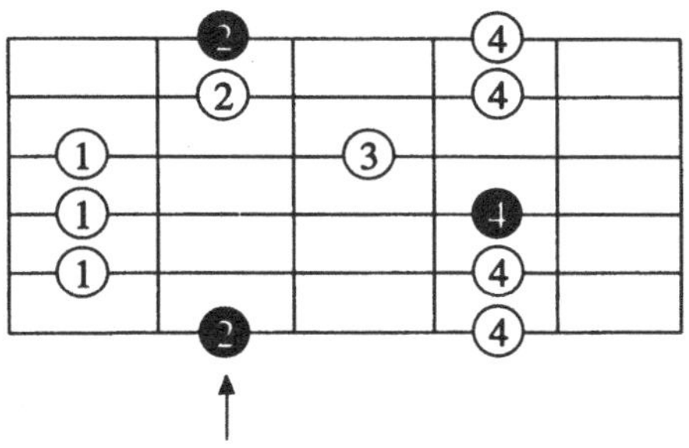

Patrón 1 - Pentatónica Menor

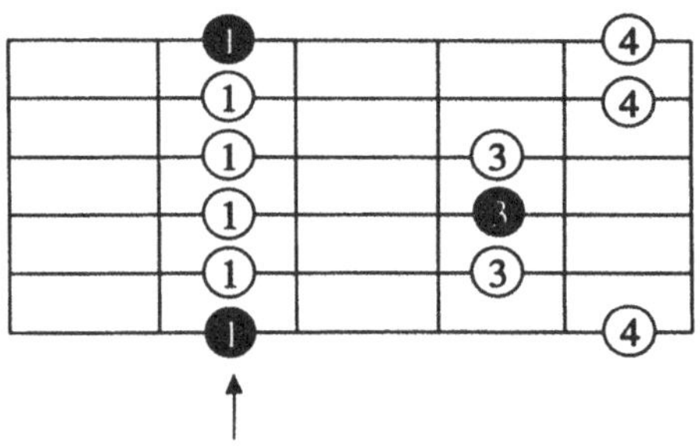

Las flechas del diagrama apuntan al mismo traste para la misma tonalidad. Por ejemplo, en tono de A, la flecha apuntaría al 5° traste en ambos diagramas.

Ambos patrones de escala están construídos en torno al *mismo* patrón de la fundamental (en A, 6ª cuerda/5° traste; 4ª cuerda/7° traste; 1ª cuerda/5° traste). La única diferencia está en que las notas en torno a las fundamentales están alteradas para hacer que la escala sea mayor.

Advierte también que el 5° escalón es el mismo en ambas escalas.

Probablemente has advertido que el Patrón 1 de la escala pentatónica mayor tiene exactamente el mismo aspecto que el Patrón 2 de la pentatónica menor. Tan sólo cambiamos las notas fundamentales. En lugar de llamar fundamentales a la nota *inferior* en la 6ª cuerda y la *superior* en la 2ª cuerda, llamamos fundamentales a la nota inferior en la 6ª cuerda, la nota superior en la 4ª cuerda, y la nota inferior en la 1ª cuerda, tal como se describe antes en la tonalidad de A.

Cambiando las fundamentales y tocando la escala con la nueva tonalidad (la nueva fundamental), conseguimos un sonido enteramente nuevo. Ensaya lo siguiente:

- Toca un acorde F♯7.
- Toca a continuación el Patrón 2 de la escala pentatónica menor F♯. Considera F♯ (nota más baja, 4ª cuerda) como fundamental.
- Seguidamente, toca un acorde A7.
- Toca luego el Patrón 1 de la escala pentatónica mayor A (las mismas notas que el Patrón 2 pentatónico menor F♯) considerando A como fundamental (nota más baja, 6ª cuerda). Deberías ser capaz de percibir una notable diferencia.

Los diagramas siguientes muestran los cinco patrones de la escala pentatónica mayor. Encajan entre sí exactamente como la menor: el 2 en la parte alta del 1, el 3 en la parte alta del 2, etc. Verás que todos los patrones son los mismos que los patrones menores, pero con nuevas fundamentales. Las digitaciones también siguen siendo las mismas para cada patrón.

Escalas Pentatónicas Mayores (5 Patrones)

Patrón 1

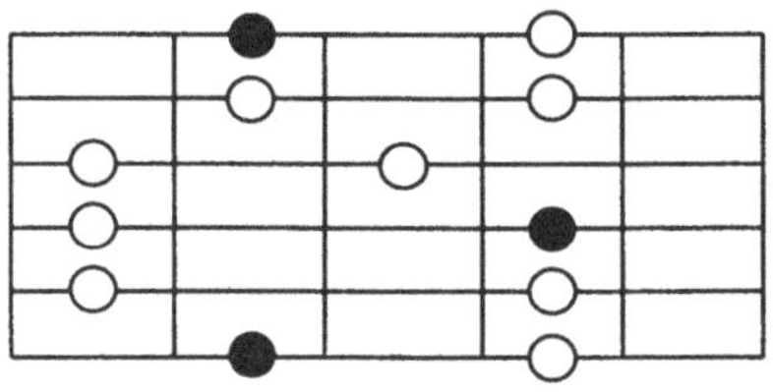

Patrón 2

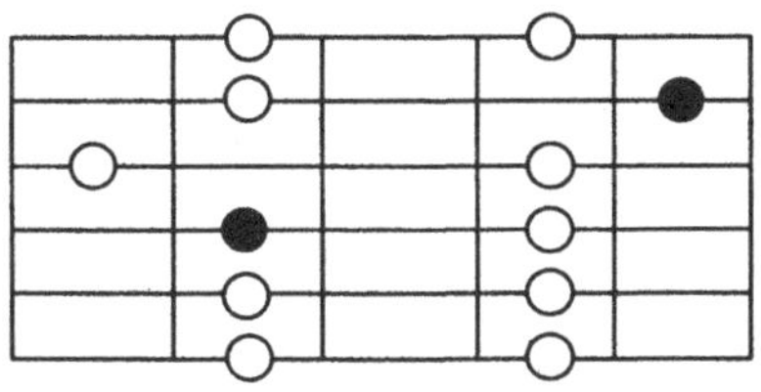

Patrón 3

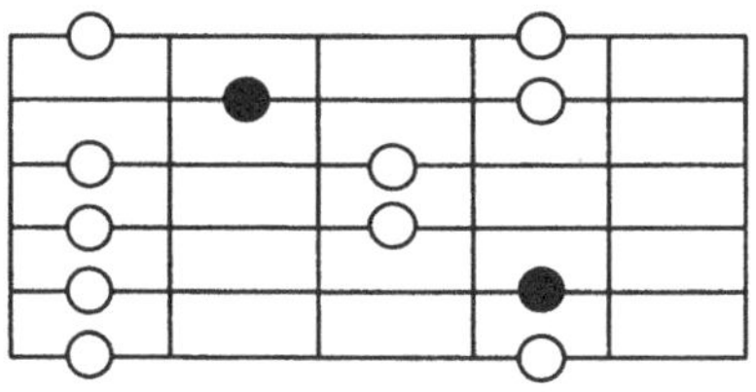

Patrón 4

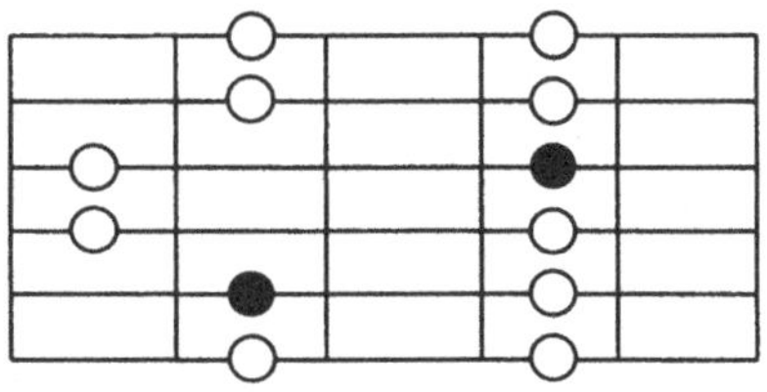

Patrón 5

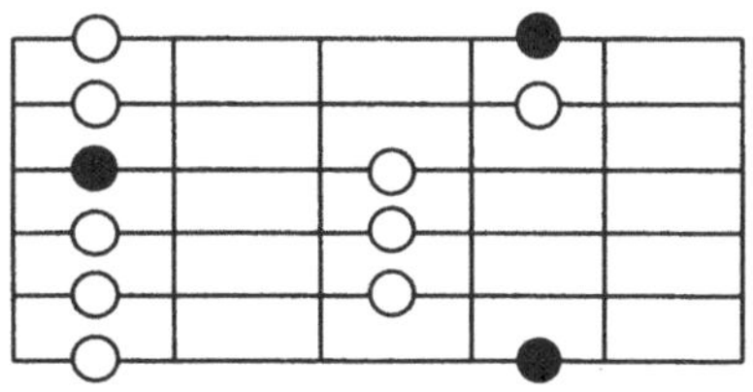

Practica las escalas pentatónicas mayores en todas las tonalidades, arriba y abajo del diapasón, tal como hiciste antes con las escalas menores. Comprobarás que el patrón completo más bajo posible en algunas tonalidades cambia con la pentatónica mayor.

Por ejemplo, en tono de E, puedes tocar un Patrón 1 completo de la menor, empleando cuerdas al aire. Cuando cambias a la mayor, no puedes alcanzar todas las notas del Patrón 1, por lo que debes empezar con el Patrón 2. En cambio, en tono de F, puedes empezar con el Patrón 1, tanto de la mayor como de la menor.

Tus dedos conocen ya los patrones de notas, por lo que todo lo que tienes que hacer es aprender los nuevos patrones fundamentales incorporados a los mismos.

ACORDES Y PROGRESIONES

Progresiones de Blues Menores

Volvamos ahora nuestra atención a las *progresiones de blues menores.* Empleando acordes menores, la progresión de blues es muy expresiva. Imprime un "feeling" sentimental, incluso triste.

En esta lección, examinaremos una progresión de blues de 12 compases I^7, IV^7, V^7 estandar en forma menor. Se dan dos series de acordes menores, que corresponden a las dos series de acordes I^7, IV^7, V^7, que ya conoces.

En este libro, la notación empleada para los acordes menores está en *caja baja (minúsculas)* para los numerales romanos, en lugar de la caja alta (mayúsculas) utilizada para los acordes mayores de 7ª y 9ª. (i, iv, v = menor; I, IV y V = mayor).

He aquí las Serie 1 y Serie 2 de los acordes *de 7ª menores* empleados en el blues menor, junto con los V^7 y $V^{7\sharp9}$ utilizados con ellos:

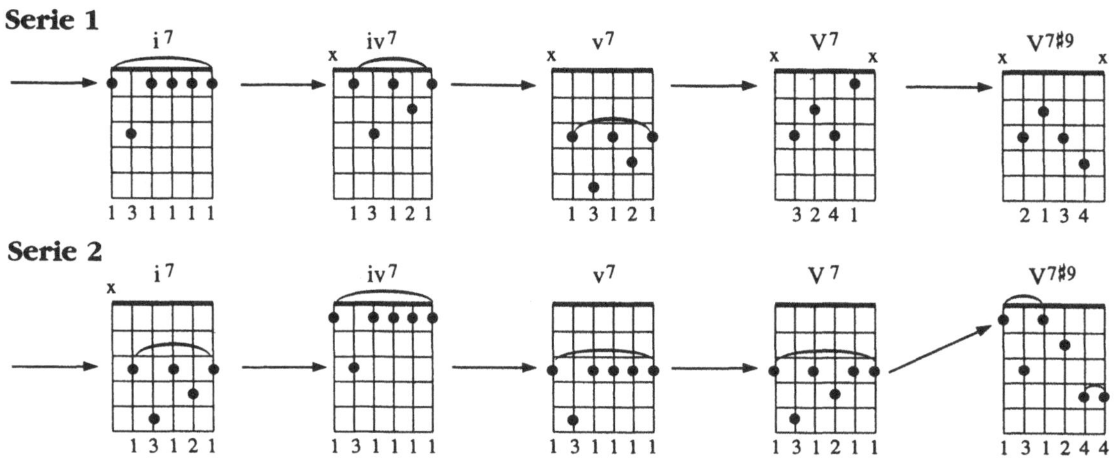

Advierte que los patrones de movimiento de la fundamental de la Serie 1 de los acordes de 7ª menores son idénticos a los de la Serie 1 de acordes de 7ª. Lo mismo vale para la Serie 2 de los acordes de 7ª menor y 7ª.

Asimismo, fíjate que en ambas series, hay un acorde V^7 y un $V^{7\sharp9}$. Emplearemos uno u otro para el acorde V final en el turnaround. Cuando empleemos un acorde de 9ª, debe ser alterado (ahora $7^{\sharp9}$) debido a que un acorde de 9ª normal chocaría con el sonido menor de la progresión.

La progresión siguiente es un blues menor de 12 compases.

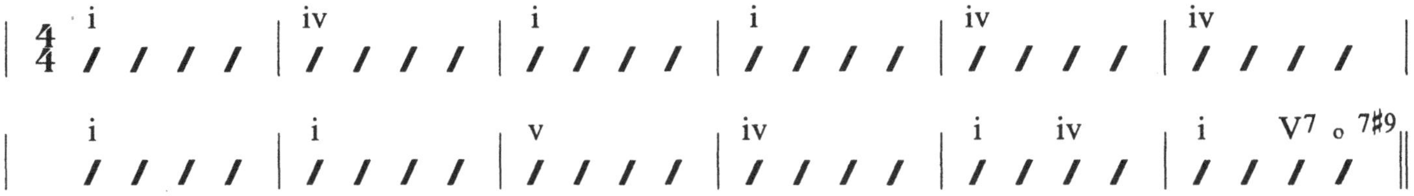

Practica esta progresión empleando la Serie 1 en los tonos de G, A y B. Utiliza la Serie 2 en los tonos de D, E y F.

Emplea una combinación de las Series 1 y 2 en las tonalidades de D y G.

Como un excelente ejemplo de esta progresión, escucha el "Tin Pan Alley" de Stevie Ray Vaughan en *"Couldn't Stand The Weather"*.

EJERCICIO

Sonidos Menores en un Solo

El Ejercicio 12, "Minor Blues", está escrito en una progresión menor de blues de 12 compases, como la descrita en esta lección, en tono de D menor. Está esencialmente centrada en torno al Patrón 4 de la escala pentatónica menor, y pasa a los Patrones 3 y 5.

Esta pieza debe tocarse con ritmo lento y de modo expresivo. Trata de hacer todos los cambios de posición limpiamente. Tienes que perseguir en este caso un *sonido limpio.*

MINOR BLUES 16

LECCION 13

ESCALAS

Combinaciones de Pentatónicas Mayores y Menores

En la última lección, has aprendido las escalas pentatónicas mayores, en todos los patrones. Ahora, examinaremos un modo de practicar tanto las escalas mayores como menores, habituándonos a cambiar del modo menor al mayor y viceversa.

La técnica es sencilla.

- Primero, en una determinada tonalidad, busca el patrón completo más bajo disponible, tanto en menor como en mayor. En tono de A, por ejemplo, sería el Patrón 5. Aunque podrías tocar todo el Patrón 4 en la menor, el Patrón 4 de la mayor no se puede conseguir sobre la cejilla.
- Una vez hallado el patrón más bajo, toca solamente el patrón de la fundamental de esa escala, con tu mano izquierda en la posición del patrón menor.
- Toca a continuación la escala menor.
- Seguidamente, pon tu mano en la posición de la escala mayor, con el mismo patrón, y toca de nuevo sólo las fundamentales.
- Toca después la escala pentatónica mayor.
- Pasa al patrón siguiente, y repite lo mismo.
- Haz esto en toda la extensión arriba y abajo del diapasón.

El diagrama siguiente de patrones de las fundamentales ilustra este proceso.

Mayor (Patrón 1)

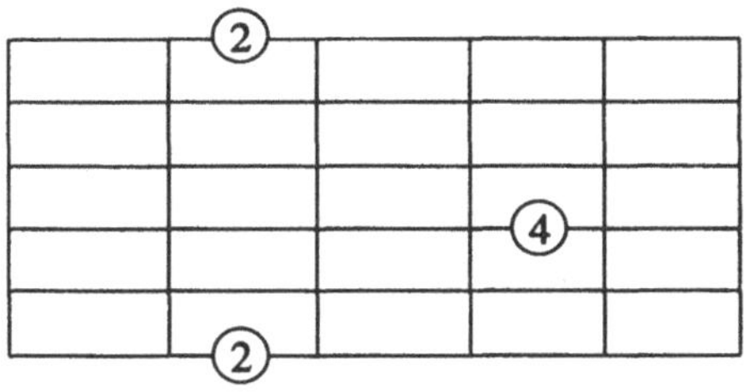

Menor (Patrón 1)

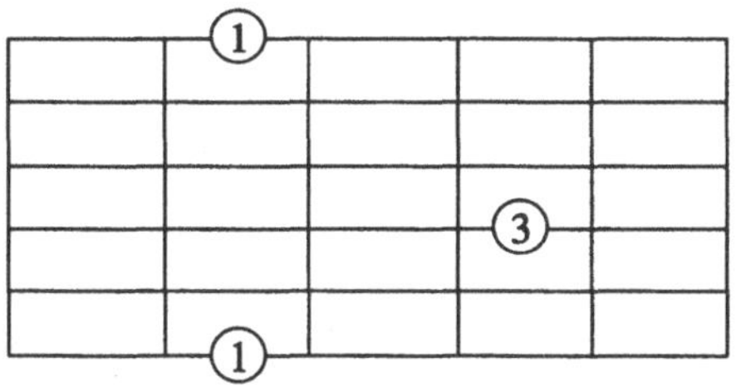

La mano en posición para el Patrón 1 - Mayor

La mano en posición para el Patrón 1 - Menor

Practica de esta manera las escalas pentatónicas mayor y menor en todas las tonalidades, trabajando a través del círculo de quintas.

ACORDES Y PROGRESIONES

Más Progresiones Menores de Blues

En esta lección, veremos una progresión de blues de 12 compases menor alternada. Emplea un nuevo acorde: bemol *sexto* (♭VI). Es un acorde mayor (no de 7ª). Su fundamental se encuentra un traste por encima de la fundamental del acorde V. El acorde ♭VI se emplea principalmente en una tonalidad menor. Los siguientes diagramas ilustran el acorde ♭VI pasando al acorde V^7 en las Series 1 y 2 de los acordes menores i^7, iv^7, v^7.

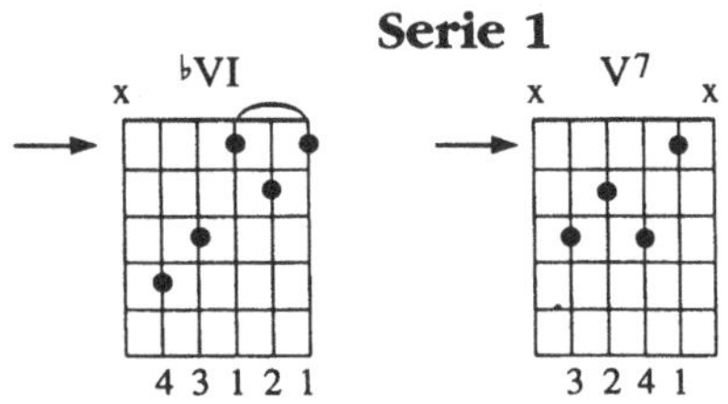

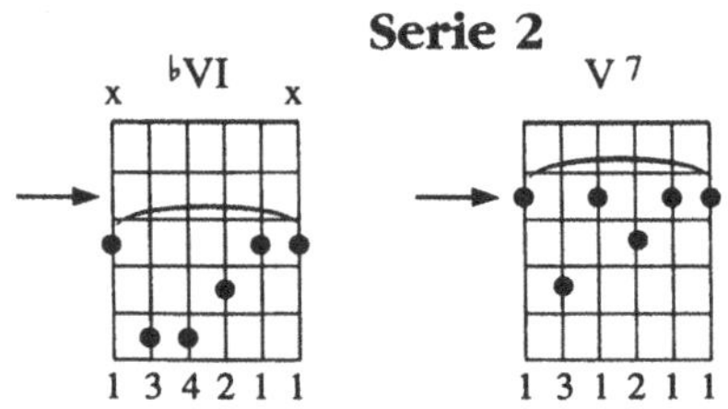

Esta es la progresión de blues de 12 compases alternada. Advierte que los primeros ocho compases son idénticos a los primeros ocho compases del blues de 12 compases menor estandar que aprendiste en la Lección 12. De nuevo, puedes elegir un acorde V^7 o un $V^7\sharp^9$ en los Compases 10 y 12.

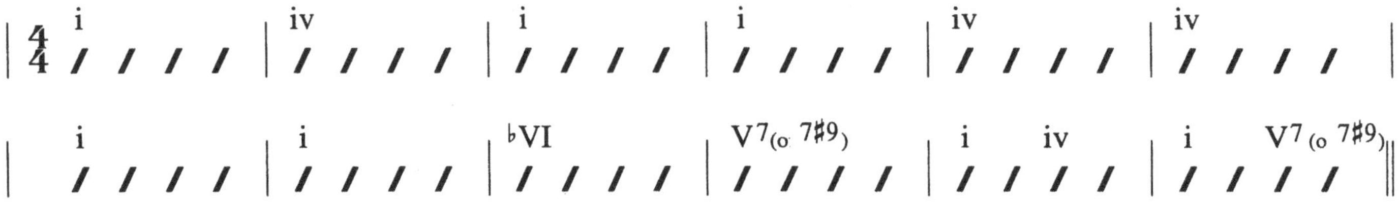

Practica esta progresión empleando la Serie 1 de los acordes menores de 7ª, en las tonalidades de G, A y B; y empleando la Serie 2, en las claves de D, E y F. Ensaya utilizando una combinación de ambas series en las tonalidades de D y G.

Como algunos de los excelentes ejemplos del empleo de esta progresión, escucha "Thrill Es Gone" de B.B.King en *Completely Well;* y "Cold, Cold Feelin" de Albert Collins en *Ice Pickin'.*

EJERCICIO

Más Estilo "Chord Melody"

El ejercicio para esta lección, "More Minor Blues", emplea la progresión de blues de 12 compases alternada introducida antes.

Observa el empleo de formas de acordes parciales y completos en la parte principal. Esto proporciona un sonido más pleno, así como un acento menor vigoroso. Es una versión sencilla de lo que se denomina "estilo chord melody".

MORE MINOR BLUES 17

LECCION 14

ESCALAS

Más Escalas Mayores y Menores Reunidas

En esta lección, combinaremos las escalas pentatónicas mayor y menor en un nuevo ejercicio de práctica de escalas.

- Busca el patrón completo más bajo posible, tanto en la escala pentatónica mayor como en la menor (como en la lección precedente).
- Empieza tocando la escala pentatónica menor desde la nota más baja del patrón, ascendiendo hasta la cima.
- A continuación, sin detenerte, toca la nota más alta de la escala pentatónica mayor en el mismo patrón, y desciende por toda la escala hasta la nota más baja.

En el Patrón 1 de la tonalidad de G, tiene esta figura:

Asegúrate de cambiar las posiciones lo necesario para estar en la localización adecuada para la escala mayor o menor. Hazlo con todos los patrones de escala, y en todas las tonalidades. Luego invierte la acción y empieza con la mayor ascendiendo y la menor descendiendo.

Este ejercicio resulta al principio algo difícil, pero es excelente para ayudarte a adquirir la habilidad de desplazarte entre patrones suave y fácilmente, abriéndote toda clase de posibilidades en tu manera de tocar.

ACORDES Y PROGRESIONES

Empleo de Acordes de Paso más Acordes de 13ª

Ahora dejaremos el blues menor y examinaremos una progresión de blues de 12 compases alternada que, de nuevo, emplea acordes de 7ª y 9ª, así como algunos nuevos añadidos. Lo explicaremos en detalle, compás a compás, pero antes de proseguir la lectura, toca la progresión tal como está escrita para hacerte una idea de como suena.

En este gráfico, y en todos los de las restantes lecciones, los números reales de los trastes substituirán a las flechas en los diagramas de acordes.

Progresión Alternada #1 -Tono de A

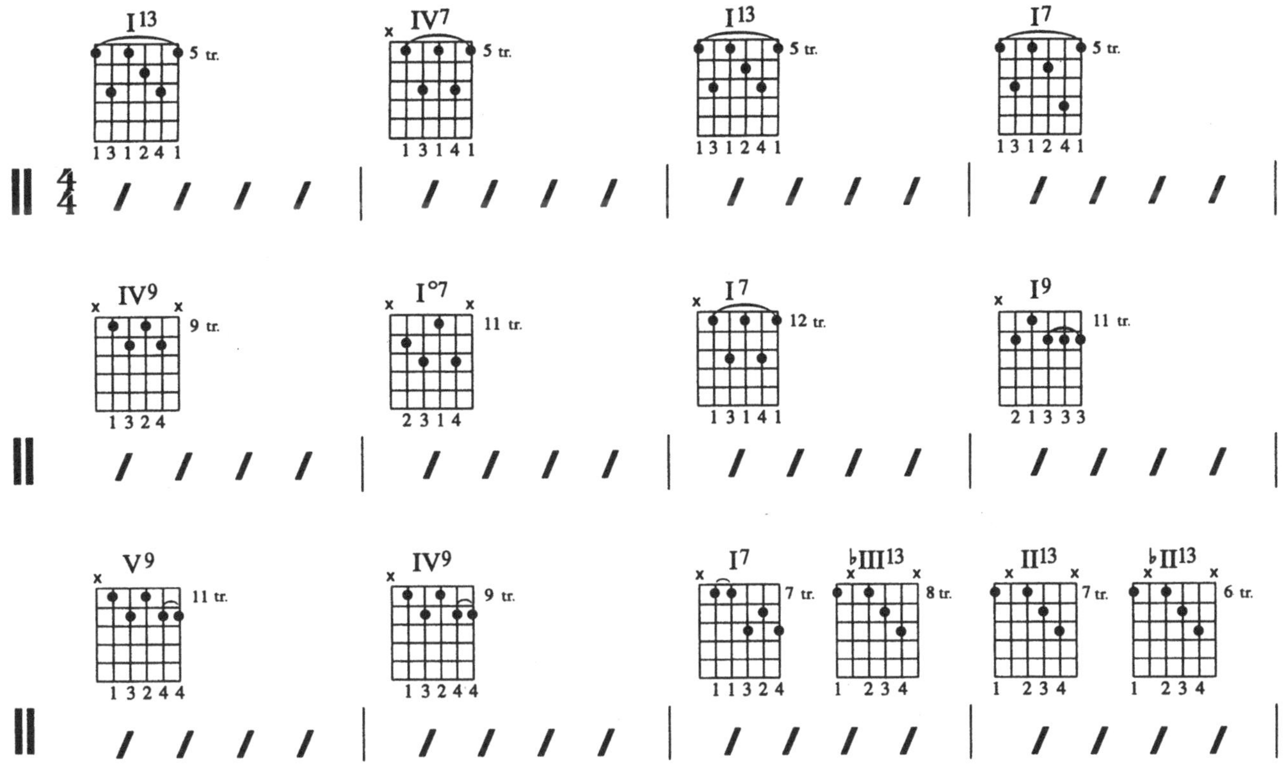

- El compás 1 arranca con un acorde I^{13}. Este acorde de 13ª funciona igual que un acorde de 7ª o de 9ª, y puede emplearse en su lugar siempre que desees el sonido de "treceava".
- El compás 2 pasa a un acorde IV^{7}. Esto no es nada nuevo, pero advierte como las dos notas más altas son las mismas que las dos notas más altas del anterior acorde I^{13}. Esto proporciona una conexión suave de la voz con el acorde principal.
- El compás 3 vuelve al I^{13}.
- En el compás 4, cambia a un acorde I^{7} desplazando tu 4° dedo un traste arriba en la 2ª cuerda. El resto de las notas siguen siendo las mismas.
- En el compás 5, sube a un acorde IV^{9} en el 9° traste. Parece un buen salto, y con él obtendrás un sonido distinto tocando aun más arriba del mástil, pero observa que la nota más alta del acorde (A en la 2ª cuerda/ 10° traste) es la misma que la nota más alta del anterior acorde I^{7} (1ª cuerda/5° traste). De nuevo, el hecho de tener una nota común en las notas más altas de los dos acordes crea una buena unión con la parte vocal.

  Hasta aquí, aparte del empleo del acorde I^{13} y de la mezcla de séptimas y novenas, no hay nada en esta progresión que sea nuevo o distinto del blues de 12 compases I, IV, V estandar.
- La progresión empieza a diferenciarse en el compás 6, con el acorde de 7ª I disminuido ($I^{\circ 7}$). Funciona como un acorde de paso (es decir, un acorde que es una especie de escalón entre dos acordes de una determinada progresión). Se toca "al pasar" de un acorde al siguiente.

En este caso, el I^{o7} pasa al acorde I^7 en el compás siguiente. Substituye al acorde IV que es el que se tocaría normalmente en el compás 6.

- En el compás 7, pasa al acorde I^7.
- En el compás 8, toca un acorde I^9 de la Serie 2, en el 11° traste.
- En el compás 9, te preparas para pasar al acorde V^9 de la Serie 2, aun en el 11° traste.
- En el compás 10, baja al acorde IV^9 de la misma serie, en el 9° traste.
- Finalmente llega el "turnaround", que es de la variedad I^7, $\flat III^{13}$, II13, $\flat II^{13}$. Baja al acorde I^7 (el cambio de posición no es tan abrupto debido a que la nota más alta del acorde está solamente un traste por debajo del anterior acorde IV^9.

  El ascenso hasta el $\flat III^{13}$ es bastante drástico, y da un acento muy eficaz. Indica que está sucediendo algo importante: o bien que damos la vuelta completa hasta lo más alto de la tonada, o que nos disponemos a terminar la canción.

  Desciende un traste hasta el acorde II^{13} y baja de nuevo otro hasta el $\flat II^{13}$.

Un análisis completo del turnaround excede el objetivo de este libro, pero observa un punto: el acorde $\flat II^{13}$. Cualquier acorde $\flat$II de 7ª y 9ª, o de 9ª o 13ª sostenidos puede actuar como substituto del acorde V, y eso es lo que vemos en este caso. En el contexto de la tonalidad, decide pasar al acorde I del mismo modo que el acorde V.

Ahora que ya has leído el análisis, practica la progresión alternada hasta que puedas tocar con suavidad todos los cambios de acordes. Luego, la transpones a las tonalidades de G y B.

EJERCICIO

Major Blues

"Major Blues" está escrito principalmente en la escala pentatónica mayor, y sobre una progresión de blues de 12 compases.

- En el compás 1, toca en la pentatónica mayor G, Patrón 1, empleando notas de un acorde mayor G.
- En el compás 2, sube a la pentatónica mayor C, en la 7ª posición, y toca el mismo diseño que en el compás 1.
- Tras volver a G en los compases 3 y 4, vuelve de nuevo a C en los compases 5 y 6 y, esencialmente, repite el diseño que has tocado en el compás 2.
- Luego, regresa a G en el curso del final de la pieza.

Los "hammer-ons" son dificultosos en algunos sitios. No obstante, dan a esta tonada gran parte de su "feeling", por lo cual debes tratar de ejecutarlos cuidadosamente.

MAJOR BLUES 18

LECCION 15

ESCALAS

Ejecución de Escalas en Par de Cuerdas

Hasta ahora, has estado practicando patrones de escala *completos.* Es decir, que en cualquier posición, tocas arriba y abajo el patrón de escala completo que allí se halla. Ahora romperemos los patrones tocando pequeñas porciones de un patrón de escala y a continuación, inmediatamente, nos desplazaremos arriba o abajo al patrón contiguo. Esto te ayudará, cuando tocas, a moverte mejor entre los diversos patrones.

Esta técnica emplea *pares de cuerdas,* que son dos cuerdas contiguas cualesquiera, como las cuerdas 6ª y 5ª; 5ª y 4ª, etc.

- Empieza con el patrón completo más bajo posible en una tonalidad dada.
- Toca las notas de la escala sobre las cuerdas 6ª y 5ª, desde la nota más baja en la cuerda 6 hasta la nota más alta en la cuerda 5.
- Sin vacilación alguna y en "tempo", sube al patrón siguiente y toca las notas de la escala que se encuentran en las cuerdas 6ª y 5ª del mismo modo.
- Sigue desplazándote por los patrones tan lejos como te sea posible alcanzar.
- Cuando alcances el patrón más alto que se pueda tocar, invierte el proceso. Emplea las mismas dos cuerdas, pero ahora toca la nota más alta en la 5ª cuerda y pasa a la nota más baja en la 6ª cuerda (aun en la posición más alta del diapasón).
- Baja luego por el mástil, siempre en "tempo", y haz lo mismo en el patrón siguiente.
- Vuelve a descender todo el camino hasta el patrón más bajo (en el que empezaste).
- Repite este proceso sobre el resto de pares de cuerdas (5ª y 4ª, 4ª y 3ª, etc.)

Al pasar de un patrón al siguiente, trata de hacerlo tan suavemente como te sea posible, de manera que no se escuche el cambio. Para conseguirlo, debes tocar *notas conectadas:* mantén la última nota de un patrón hasta que cambies, luego sube como un rayo tu mano izquierda a la posición siguiente, como si fueses a tocar la primera nota de ese patrón. Trata de que no se produzca una rotura audible en las notas, al contrario, haz que todas las notas fluyan suavemente durante todo el ascenso por el mástil.

Tocar notas conectadas requiere mucha práctica. Puedes practicar solamente el cambio: pon tu mano en una posición determinada, toca la última nota, cambia a la posición siguiente y toca la nota siguiente, para y repite hasta que suene con suavidad.

He aquí un ejemplo de este ejercicio en tonalidad de E. Solamente se indican las cuerdas 6ª y 5ª, pero el proceso es exactamente el mismo para los demás pares de cuerdas.

Ejercicio de Escala de Par de Cuerdas
Tono de E - Cuerdas 6ª y 5ª

Ascendiendo:

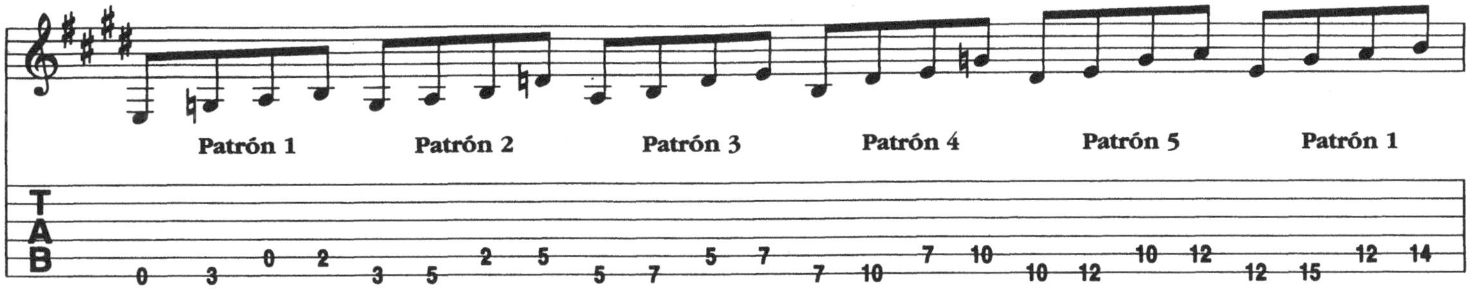

Descendiendo:

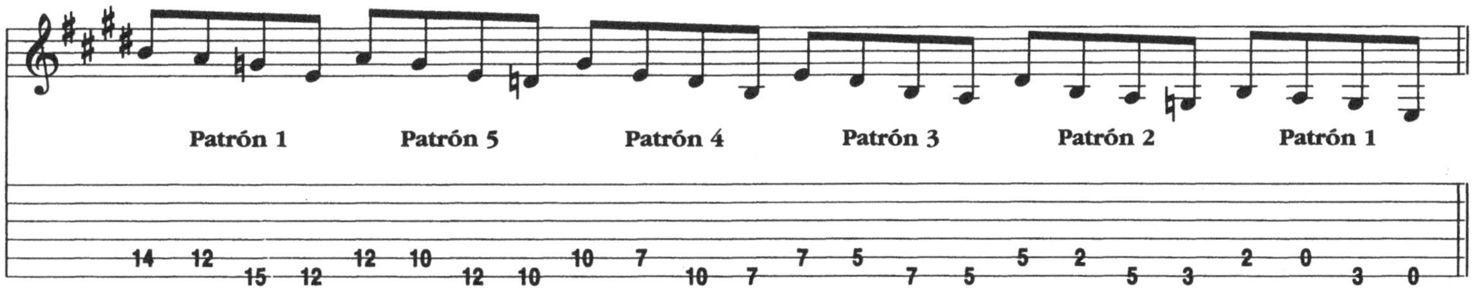

Cuando llegues a lo más alto de la parte ascendente del ejercicio, no te detengas, empieza inmediatamente la parte descendente.

Haz este ejercicio en todas las tonalidades, empleando las escalas pentatónicas tanto mayores como menores.

ACORDES Y PROGRESIONES

Más Acordes de Paso y de 13ª

En esta lección, aprenderás la progresión de 12 compases alternada de la Lección 14, empleando una serie distinta de acordes, en cierto modo como si se tratase de dos series de acordes de 7ª y de 9ª. Está escrita en tonalidad de E. Una vez hayas aprendido la progresión en E, transpónla a las tonalidades de D y F♯.

Progresión Alternada #1 - Tono de E

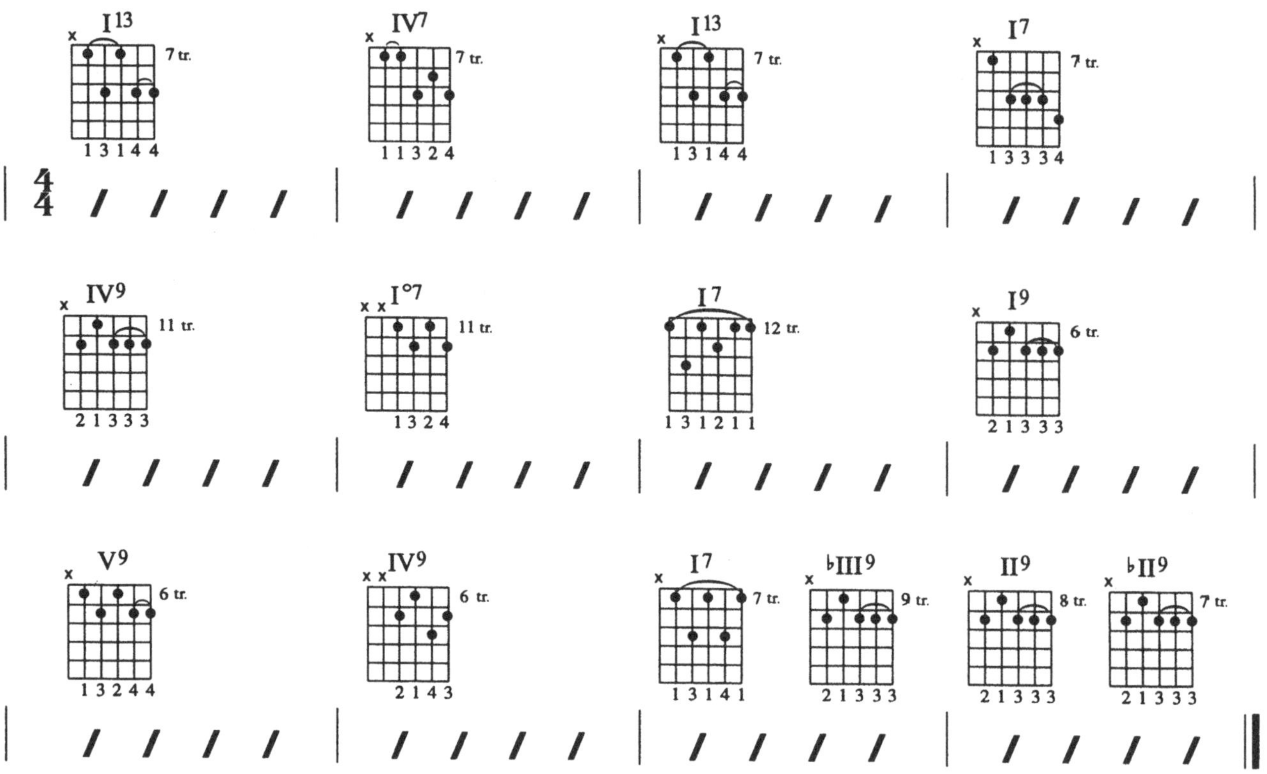

EJERCICIO

Mezclando Escalas Mayores y Menores

El ejercicio de esta lección ilustra un modo común de empleo de la escala pentatónica mayor en una tonada estandar de blues.

Los primeros cuatro compases están en pentatónica menor. Cuando pasa al acorde IV en dos compases (los 5 y 6), cambia a la mayor (siguiendo en tono de C). En el compás 7, la tonada cambia, volviendo al acorde I, y regresa de nuevo a la menor.

Esta es una de las más comunes y útiles maneras de emplear la escala pentatónica mayor. Suena muy bien cuando se toca sobre el acorde IV. De esta manera, alivia por un momento la *tensión* de la escala menor sobre los acordes de 7ª; luego regresa al "mordiente" de la menor cuando vuelve al acorde I.

La mezcla de ambas escalas añade más "color" y contraste a los solos.

En el compás 9, nota el bend hacia arriba de la fundamental, al salir de la escala pentatónica menor en C. Hicimos lo mismo en "Bending the Blues" (Lección 7), también sobre el acorde V. Allí funciona muy bien, y recuerda un poco la mayor.

Luego, en el compás 10, de nuevo se emplea la pentatónica mayor sobre el acorde IV, volviendo a la menor en las dos últimas notas del compás.

Los dos últimos compases emplean otra figura-cliché de turnaround, una que puedes utilizar en la mayoría de turnarounds. Ensaya experimentando con ella; tócala de distintas maneras empleando las mismas notas.

Como un buen ejemplo de la mezcla de pentatónica menor/mayor, escucha "Same Old Blues", de Freddie King, en *Getting Ready.*

HARD EDGE BLUES 19 20

LECCION 16

ESCALAS

Desplazamientos entre Patrones de Escala Adyacentes

Ahora que ya has practicado las escalas empleando pares de cuerdas, arriba y abajo del mástil, examinaremos otra manera de utilizar los pares de cuerdas: *entre patrones de escala adyacentes*. Así es como funciona:

- Empezando de nuevo con el patrón de escala más bajo posible en una determinada tonalidad, toca las cuatro notas del primer par de cuerdas (las cuerdas 6ª y 5ª), comenzando con la nota más baja de la cuerda 6ª, subiendo hasta la nota más alta de la cuerda 5ª.
- Sube al siguiente patrón de escala, y toca allí las cuatro notas. Hasta aquí, este ejercicio es exactamente el mismo de la última lección, pero ahora empezará a ser distinto.
- Retrocede al patrón de escala más bajo, con el que empezaste, y toca las cuatro notas en el siguiente par de cuerdas (las cuerdas 5ª y 4ª).
- Vuelve de nuevo arriba al siguiente patrón de escala y toca las cuatro notas en el mismo par de cuerdas.
- Baja de nuevo al primer patrón y haz lo mismo con el par de cuerdas siguientes (la 4ª y la 3ª).
- Repite el proceso hasta que alcances la nota más alta del último par de cuerdas (la 2ª y la 1ª) en el más alto de los dos patrones de escala que estás empleando.
- Luego, cambia totalmente al revés, e invierte el proceso, empleando un patrón descendente similar al que empleaste en la última lección, pero moviéndote atrás y adelante entre los dos patrones de escala adyacentes.

  Los siguientes ejemplos sirven de ilustración. De nuevo, están en tono de E, empleando el Patrón 1 (al aire) y el Patrón 2 (segunda posición).

Ejercicio de Pares de Cuerdas Adyacentes
Pentatónica Menor en E

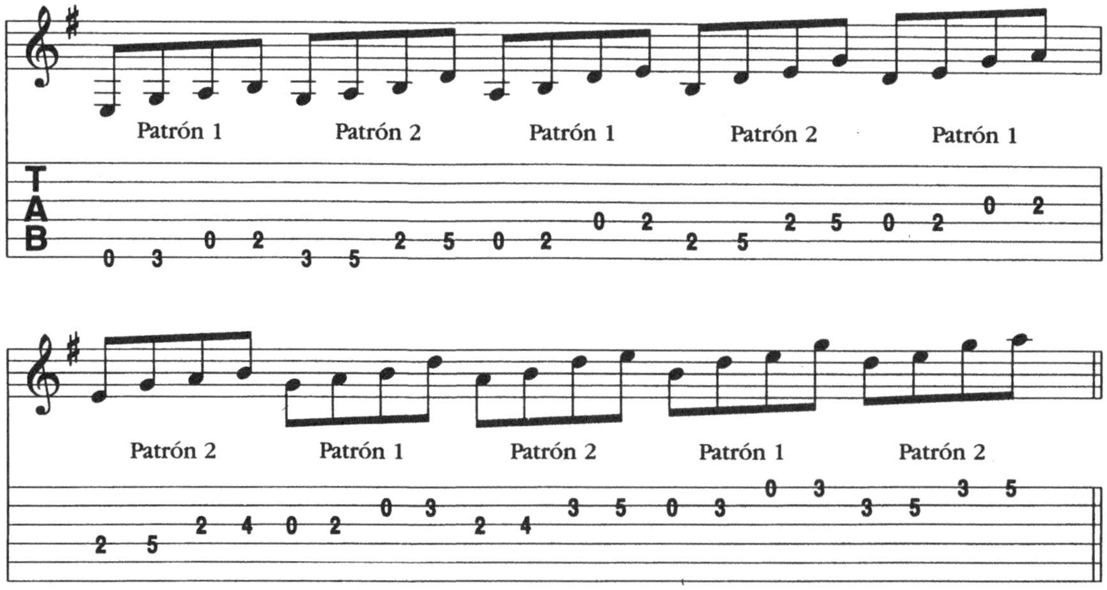

Cuando llegues a lo más alto, invierte la dirección y regresa hacia abajo a través de ambos patrones. Como siempre, debes esforzarte en tocar tan suavemente como te sea posible en los cambios entre patrones.

Cuando hayas terminado con los dos primeros patrones de escala adyacentes, pasa a los dos siguientes. (Siguiendo el anterior ejemplo de los Patrones 1 y 2, pasa a los Patrones 2 y 3). Practica este ejercicio sobre todo el diapasón, en todas las tonalidades, tanto mayores como menores.

ACORDES Y PROGRESIONES

Empleo de las Sextas para Formar Acordes Parciales

Vamos ahora a dejarnos de acordes y progresiones nuevos, y examinaremos una manera de tocar precisamente dos de las notas de un acorde empleando el *intervalo* de *sexta*.

Un *intervalo* es la distancia entre dos notas. Se mide en tonos y semitonos. Un semitono corresponde a un traste de la guitarra.

Las Sextas se emplean muchísimo en el blues, tanto en las partes principales como en las de ritmo. Pueden emplearse tanto *armónicamente* (ambas notas tocadas simultáneamente) como *melódicamente* (las dos notas tocadas secuencialmente). Como se ha dicho antes, ambas notas forman parte de un acorde (de 7ª, de 9ª o, incluso, de 13ª). Por tanto, no se toca el acorde completo, es más "sugerido" o "implícito" que realmente "expresado".

Los ejemplos siguientes ilustran el empleo de sextas para sugerir los acordes I, IV y V en tono de A. Sin embargo, *no* muestran todos los sitios en que puedes encontrarlas. Después de aprender bien el ejercicio, utiliza tus conocimientos de los acordes y tu oído para descubrir más sextas en la misma tonalidad. Transpónlas luego todas a todas las demás tonalidades.

Ejercicio de Sextas - Tono de A

A7 - Acorde I

D7 - Acorde IV

E7 - Acorde V

E7

EJERCICIO

Estilo R & B Gospel Básico

Este ejercicio está enteramente escrito en la escala pentatónica *mayor* A. Sin duda, te darás cuenta de como suena mucho más "brillante" y "ligero" que en la pentatónica menor. Como su título indica, tiene un claro acento de música gospel.

Fíjate en los patrones de la escala pentatónica mayor por los que te mueves en la pieza (Patrones 1 y 3). Asimismo, nota el empleo del acorde V aumentado (V+) en el primer final. Se trata de un acorde de sonoridad distinta, y puede utilizarse en lugar del acorde V^7. Funciona particularmente bien como acorde V final en el turnaround, y en los sitios en que emplees la escala pentatónica mayor.

La progresión, aunque es una progresión I, IV, V, difiere de la progresión de blues de 12 compases estandar que hasta ahora empleábamos.

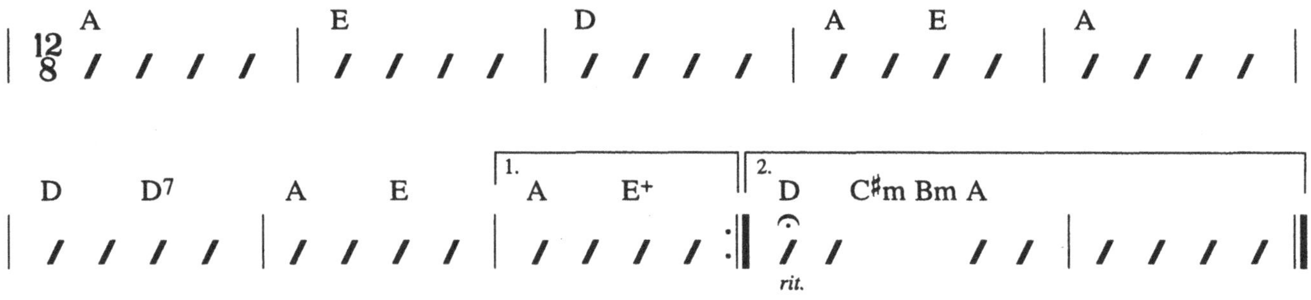

PREACHING GOSPEL BLUES 21

LECCION 17

ESCALAS

Saltos de Cuerdas en la Ejecución de Escalas

En esta lección, seguiremos empleando pares de cuerdas, pero se tratará de pares de cuerdas *no-adyacentes.* Esto implica "saltar" sobre una o más cuerdas durante la pulsación de una cuerda a otra. Los pares de cuerdas no-adyacentes posibles son:

- cuerda 6ª y una de éstas: 4ª, 3ª, 2ª ó 1ª
- cuerda 5ª y una de éstas: 3ª, 2ª ó 1ª
- cuerda 4ª y 2ª ó 1ª
- cuerdas 3ª y 1ª

Puedes comprobar que cualquier par es posible mientras haya *como mínimo* otra cuerda entre ellas.

Puedes emplear pares de cuerdas no-adyacentes tanto en los ejercicios de la Lección 15 como en los de la 16. Encontrarás que algunos son más limitados que otros. Por ejemplo, si empleas las cuerdas 6ª y 1ª, sólo podrás tocar cuatro notas por patrón antes de tener que ascender, lo que convierte en inútil el método utilizado en la Lección 16.

Experimenta buscando cuales de los pares de cuerdas no-adyacentes funcionan mejor con cada uno de los métodos de práctica.

Emplea los pares de cuerdas de la lista anterior en los métodos descritos en las Lecciones 15 y 16, en todas las tonalidades. Recuerda hacer los cambios entre patrones tan suavemente como sea posible. Tómate todo el tiempo necesario para la presente lección, pues al principio no resulta nada fácil.

Este ejercicio te ayudará a conseguir aun más soltura en las escalas pentatónicas, así como en el desarrollo de tu técnica de salto de cuerdas.

ACORDES Y PROGRESIONES

El Empleo de 3as.

En la última lección, aprendiste a usar el intervalo de sexta para sugerir acordes. En esta lección, veremos como emplear el *intervalo* de *tercera,* y como se relaciona con el de 6ª.

Una sexta puede ser convertida en tercera mediante su *inversión.* Invertir es tomar la nota más baja del intervalo y tocarla *una octava más alta,* por encima de la nota superior del intervalo original. Tiene el siguiente aspecto:

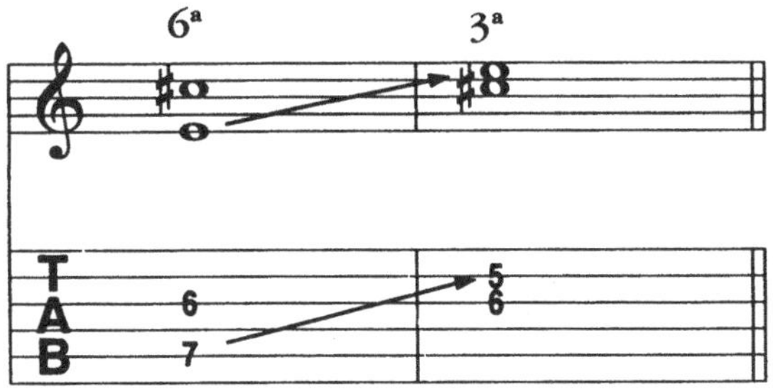

Primero hay una E como nota más baja y C♯ como nota más alta de una sexta. Seguidamente, sube la E una octava. Ahora, encima de C♯ hay el intervalo de una tercera.

Puedes también invertir un intervalo tomando la nota más alta y tocándola *una octava más baja,* por debajo de la nota más baja del intervalo original. Este es su aspecto:

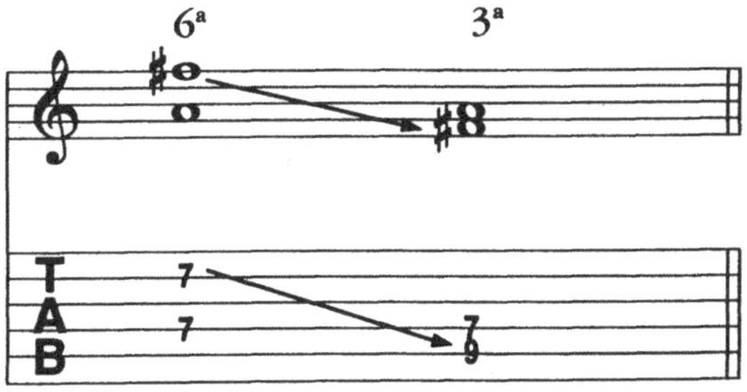

Primero, hay una F♯ como nota más alta y una A como nota más baja de una sexta. Seguidamente, baja la F♯ una octava, por debajo de la A original, y allí está el intervalo de una tercera.

Las terceras se emplean muchísimo en las partes principales de guitarra de inspiración blues, pero no tanto en las partes de guitarra de ritmo (aunque pueden ser también empleadas en el ritmo).

Los ejemplos siguientes ilustran el empleo de terceras con los acordes I, IV y V. De nuevo, éste no es un estudio exhaustivo, por lo que deberías investigar más a fondo sobre lo que conviene a cada acorde. Después de que hayas aprendido este ejercicio en tono de A, transpónlo a otras varias tonalidades.

Ejercicio en Terceras - Tono de A

Acorde A7 - I

Acorde D7 - IV

Acorde E7 - V

Repasa los estudios 5, 6, 9 y 14 para comprobar si puedes descubrir los pasajes en que se emplean terceras. Recuerda que las terceras no necesitan ser tocadas simultáneamente.

EJERCICIO

Empleo de 6as en un Solo

El ejercicio para esta lección, "Blue Sixths", ilustra el empleo de un intervalo de sexta en un solo de blues. Las sextas se emplean en conjunción con la escala pentatónica menor.

Advierte el empleo de semitonos (un traste) con sextas. Con frecuencia, podrás "pasearte" por intervalos, notas simples, o incluso acordes, subiendo o bajando de esta manera.

Asimismo, fíjate en el turnaround. Es un turnaround de I, IV, I, V. Comprueba como se emplean las sextas para sugerir cada uno de esos acordes. La progresión es un blues de 12 compases en tono de A.

BLUE SIXTHS 22

LECCION 18

ESCALAS

Emparejamiento de la Escala Menor y Formas de Acordes

En esta lección, en realidad combinaremos una cierta práctica de acordes con otra práctica de escalas. Una serie de acordes I, IV, V, con 7ª dominante y de 7ª menor, se aplica a cada uno de los cinco patrones de las escalas pentatónicas menores. Los acordes se localizan básicamente en la misma posición que el patrón de escala dado. El método para la práctica es bien sencillo. Funciona así.

- Primero, empezando con el patrón completo más bajo disponible en una determinada tonalidad, toca la escala arriba y abajo.
- Luego toca los acordes I^7, IV^7 y V^7 (reproducidos abajo) que concuerden con ese patrón de escala.
- Toca de nuevo la escala.
- Ahora toca los acordes i^7, iv^7 y v^7 reproducidos seguidamente.
- Asciende al siguiente patrón y repite el proceso.
- Haz esto arriba y abajo en toda la extensión del diapasón y en todas las tonalidades.

La relación siguiente está compuesta de las series de acordes para cada patrón. La posición de cada patrón de escala está marcada con una "x" fuera de los diagramas de acordes.

Acordes de 7ª Dominante

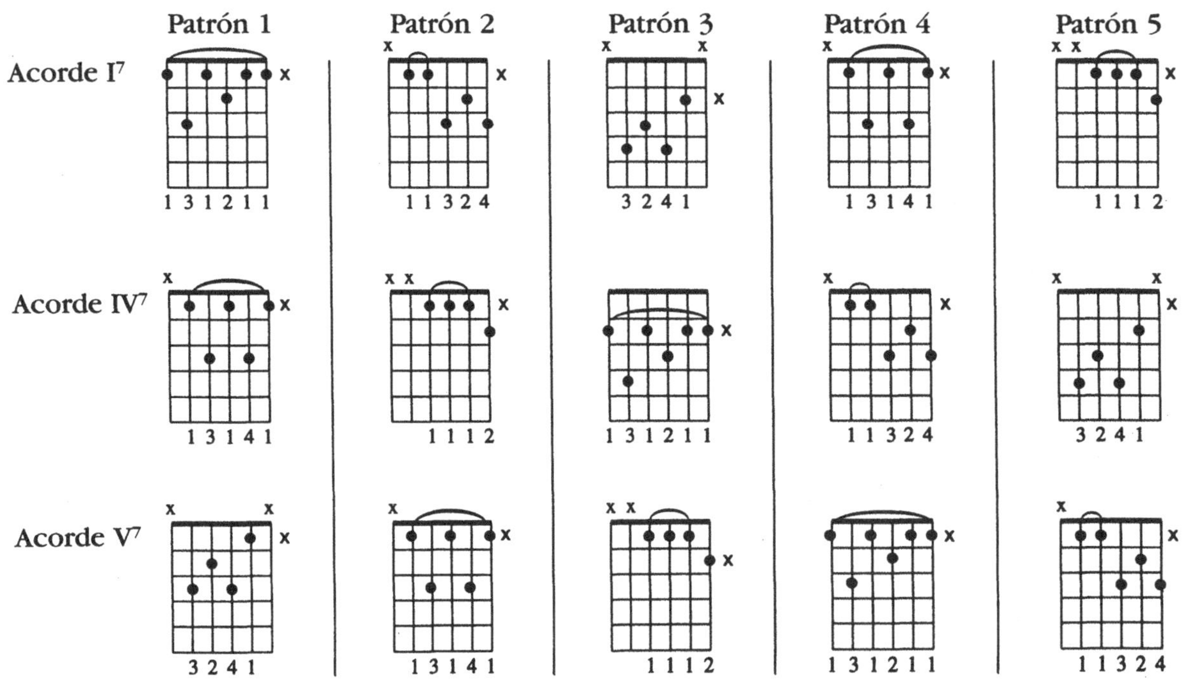

Acordes de 7ª Menor

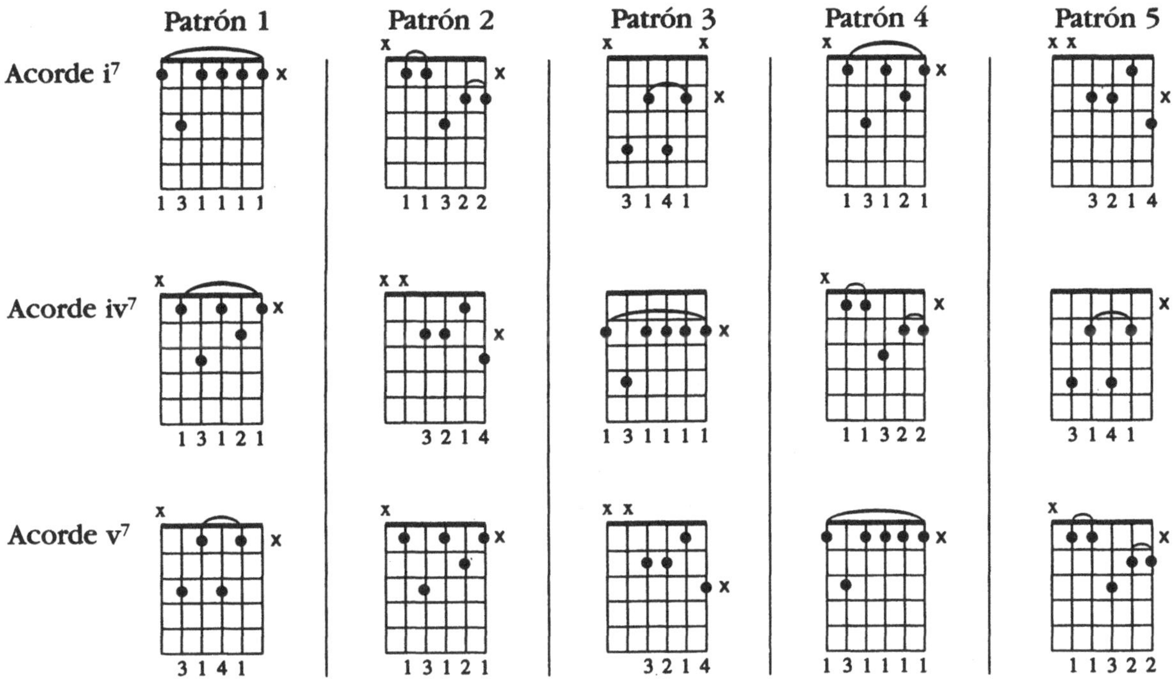

ACORDES Y PROGRESIONES

Introducción de los Acordes Secundarios en las Progresiones de Blues Alternadas

En esta lección, revisaremos otra progresión de blues alternada. Esta hace un empleo extensivo de *acordes secundarios.*

Un *acorde secundario* es un acorde de una tonalidad distinta que la de los acordes I, IV o V.

Esos "otros" acordes derivan de la escala mayor, del mismo modo que lo hacen los acordes I, IV y V. Como recordarás, los acordes I, IV y V (denominados *acordes primarios*) están construídos sobre los intervalos 1°, 4° y 5° de la escala mayor. Los acordes secundarios se construyen sobre los intervalos restantes: los 2°, 3°, 6° y 7°.

No nos ocuparemos del acorde basado sobre el 7° tono debido a que no se emplea con mucha frecuencia en la música de base blues. La lista siguiente está compuesta por los acordes secundarios de cada tonalidad. (Advierte que todos ellos son acordes de 7ª menor)

Tonalidad	ii7	iii7	vi7
C	Dm7	Em7	Am7
G	Am7	Bm7	Em7
D	Em7	F♯m7	Bm7
A	Bm7	C♯m7	F♯m7
E	F♯m7	G♯m7	C♯m7
B	C♯m7	D♯m7	G♯m7
F♯/G♭	G♯m7/A♭m7	A♯m7/B♭m7	D♯m7/E♭m7
D♭	E♭m7	Fm7	B♭m7
A♭	B♭m7	Cm7	Fm7
E♭	Fm7	Gm7	Cm7
B♭	Cm7	Dm7	Gm7
F	Gm7	Am7	Dm7

¿Recuerdas los turnarounds I^7-vi^7-ii^7-V^7 y I^7-VI^7-II^7-V^7? Los acordes vi^7 y ii^7 son acordes secundarios, como también lo son los VI^7 y II^7. Esto ilustra el hecho de que los acordes pueden ser *alterados*, cambiándolos de séptimas menores a séptimas dominantes.

La progresión siguiente ilustra el empleo de los acordes secundarios en tono de A. Fíjate en el empleo del *acorde de paso disminuido* en el compás 6, justo como en la progresión de las Lecciones 14 y 15.

Advierte que podemos bemolizar un acorde secundario y emplearlo como *acorde de paso* entre los acordes de la tonalidad. Mira los compases 8 y 9, en los que los acordes son iii^7, $\flat iii^7$, ii^7. El $\flat iii$ está *de paso* entre iii y ii.

Cuando hayas aprendido esta progresión en tono de A, transpónla a las tonalidades de G, B, F y D.

Progresión Alternada #2 - Clave de A

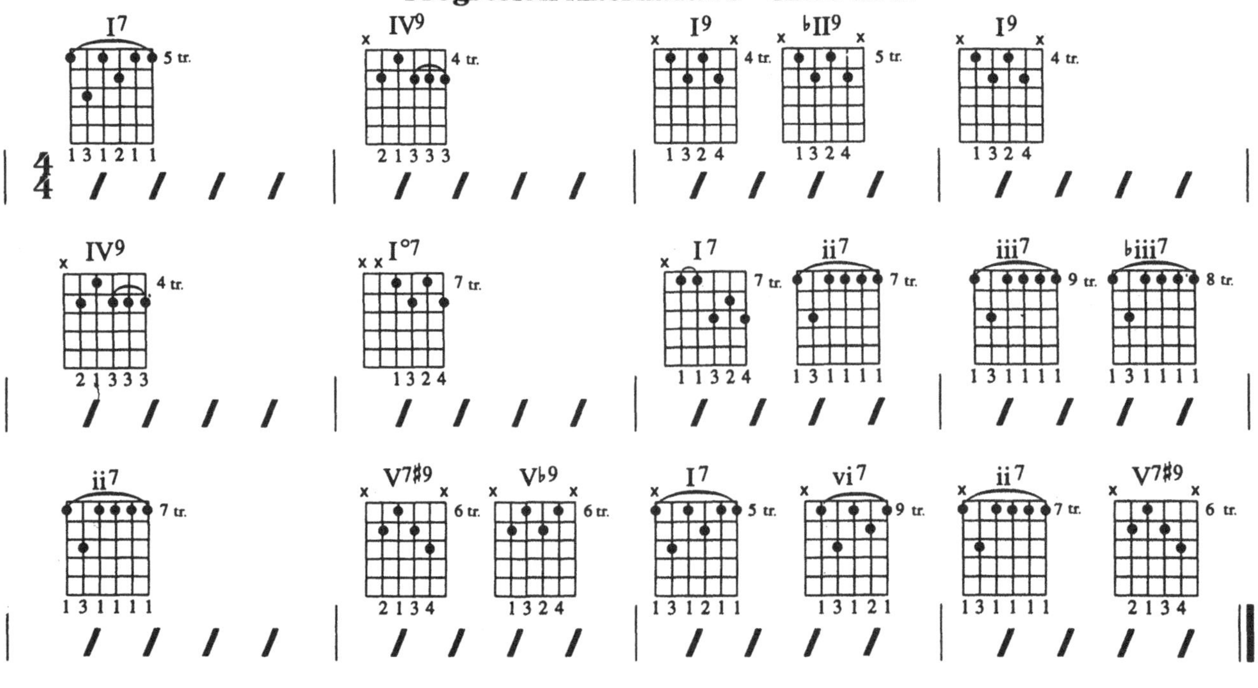

EJERCICIO

Rock "Hard Edge" de Base Blues

Este ejercicio pertenece al estilo "blues-rock". Se dan por separado tanto la parte de solo como la de ritmo.

En la parte de ritmo, advierte el empleo del acorde $I^7\sharp^9$. Inicia el solo muy lentamente al principio, para luego incrementar gradualmente la velocidad, *solamente* cuando lo hayas aprendido bien en tempo lento.

Como ejemplos del estilo blues-rock, escucha cualquier grabación de Stevie Ray Vaughan o de Johnny Winter.

HARD ROCKER (Ritmo)

23 24

HARD ROCKER (Solo) 23 24

LECCION 19

ESCALAS

Emparejamiento de la Escala Mayor y Formas de Acordes

En esta lección, continuaremos con la práctica de las combinaciones acorde/escala que iniciamos en la lección anterior. Esta vez, emplearemos la *escala pentatónica mayor.*

A continuación, hay una serie de acordes mayores simples I, IV, V (no de séptimas) para cada uno de los patrones de escala pentatónica mayor. También emplearás los acordes de séptima dominante que viste en la Lección 18. Corresponderán al mismo patrón de escala en la mayor, es decir, los acordes de séptima dominantes que empleaste en el Patrón 1 de la menor se emplearán para el Patrón 1 de la mayor, etc.

Utiliza el mismo método de prácticas. Toca:

- la escala pentatónica mayor;
- los acordes I, IV y V (no séptimas);
- de nuevo, la escala;
- los acordes I, IV y V de séptima dominante para ese patrón (ver Lección 18 para la serie completa).

Haz todo esto en todas las tonalidades.

He aquí las series de acordes mayores (I, IV, V) para cada uno de los patrones de la escala pentatónica mayor.

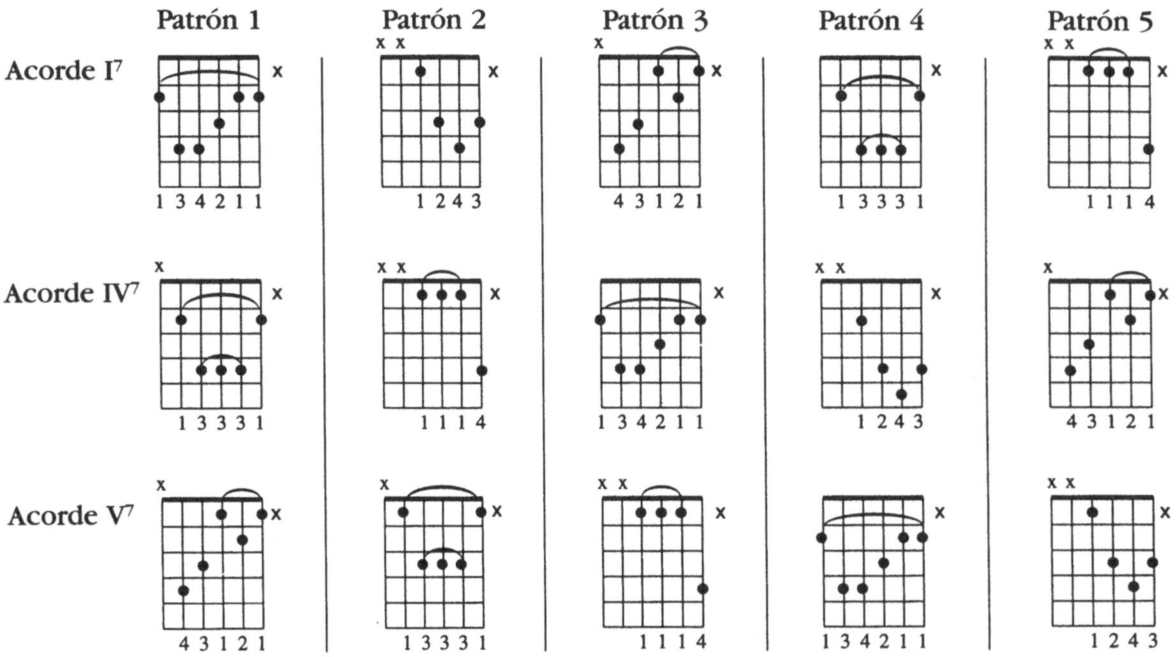

ACORDES Y PROGRESIONES

Más Progresiones Alternadas

En esta lección, aprenderás la progresión de blues alternada de la Lección 18 empleando una serie diferente de acordes. Está en tono de E. Advierte que es la *misma progresión* que la de la Lección 18 en cuanto a numerales romanos y nombres de letra de los acordes. Simplemente hemos cambiado la *serie* de acordes empleada. Después de que hayas aprendido esta progresión tal como está escrita, transpónla a las tonalidades de G, F y D.

Al estudiar esta nueva serie de acordes, observa que hay otras maneras de tocar los acordes secundarios en relación a los acordes I, IV y V (primarios).

Progresión Alternada #2- Tono de E

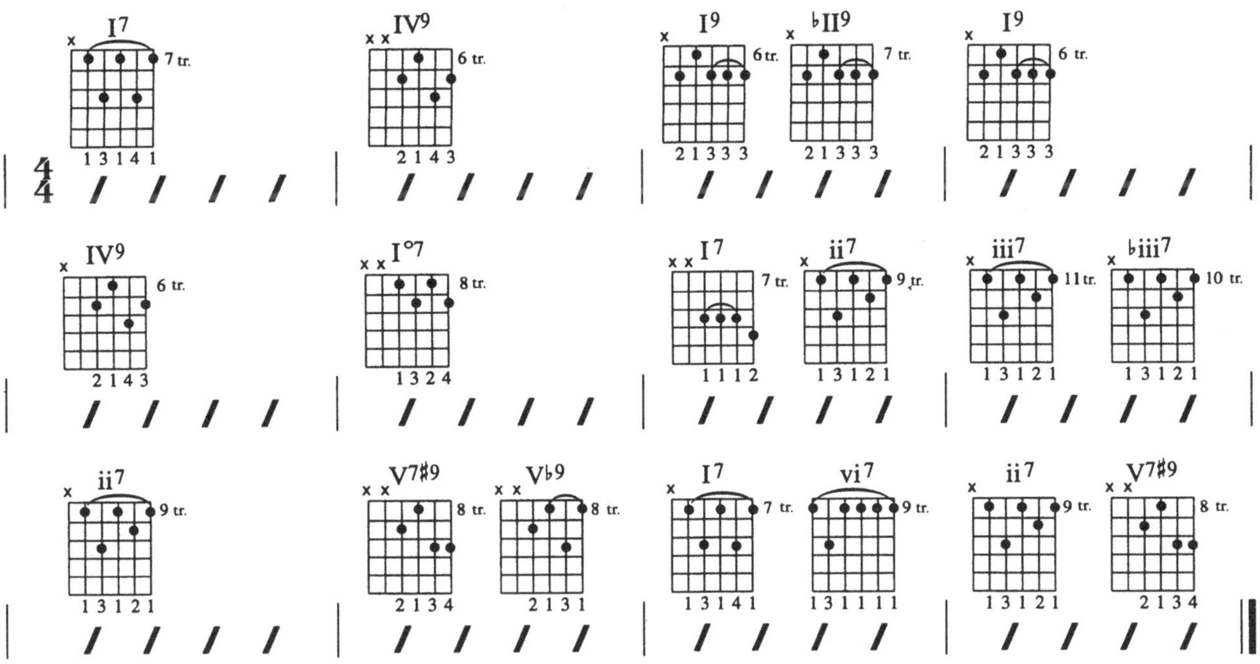

EJERCICIO

Primitivos Sonidos de Rock

En el ejercicio correspondiente a la presente lección, seguimos con el estilo blues-rock. Se trata de "Rockin' and Rollin'", en tono de A. Es el estudio más difícil de todos en el aspecto técnico.

El ejercicio se inicia con una introducción de cuatro compases. En el primero de éstos, toca sobre el acorde V (E7). La escala empleada es la pentatónica menor en E. En el segundo compás, toca en pentatónica menor D sobre el acorde IV (D7). En los compases 3 y 4, toca en pentatónica menor A (la escala de la tonalidad), primero sobre el acorde I en el compás 3 y los tres primeros tiempos del compás 4, terminando la introducción sobre el acorde V, en la misma escala de la tonalidad.

El cuerpo principal de la pieza no se aparta de la escala pentatónica menor A.

Fíjate en el empleo de terceras en toda la tonada. Observa también que en los compases 9 y 10 hay algunos bends sin que se dé ninguna nota específica de donde hay que hacerlos. Esta notación solamente nos indica que hay que "bend" las notas hacia arriba un cuarto de tono.

Después de tocar dos veces la tonada, hay un *tag ending.*

> Un *tag ending* (remate final) es un riff final, una figura melódica, una serie de acordes, etc. que se añade, o "clava" al final de la tonada.

Este final es esencialmente el mismo que la introducción, con algunos cambios en las últimas notas para hacer que termine sobre el *acorde I final* en lugar del acorde V. Los acordes vienen dados por la música.

Para ver numerosos ejemplos de este estilo, escucha cualquier grabación de Chuck Berry.

ROCKIN' AND ROLLIN' 25 26

E7
A7
1.
2.
Refrán
E7
full
D7
A7
A7#9
full
full
full
1/2
1/2

LECCION 20

ESCALAS

Más Rápido

En lecciones anteriores, has aprendido muchas maneras de practicar las escalas pentatónicas mayores y menores. Debes continuar tu *práctica diaria* de escalas. Puedes alternar entre los diversos métodos de práctica contenidos en este libro, pero no dejes de seguir practicando escalas todos los días.

Hay un aspecto del estudio de escalas que ha sido dejado de lado hasta ahora intencionadamente: la *velocidad.* En la primera lección, se te recomendaba practicar lenta y claramente, y así es como se debe empezar. Sin embargo, llegados a este punto, tienes que haber desarrollado ya una técnica muy uniforme, limpia y suave. Dando esto por sentado, ha llegado el momento de trabajar en el aumento de tu velocidad.

La técnica para incrementar la velocidad es simple. Implica más paciencia que ninguna otra cosa, y necesitarás para ello un *metrónomo.*

> Un *metrónomo* es un aparato que produce un "tic-tac" de latido constante, como un reloj, que te proporciona un ritmo exacto y regular. Dispone de un control que te permite variar su velocidad. Existen modelos de cuerda de resorte, eléctricos y electrónicos. La mayoría de tiendas de música disponen de un surtido de modelos.

En primer lugar, comprueba la velocidad más rápida con la que puedes tocar las escalas suave y limpiamente, sin vacilaciones ni errores. A continuación, busca ese tempo en el metrónomo utilizando *un tiempo "tic"* del metrónomo por cada *dos notas* que pulses. Asegúrate de tocar las notas paralelamente con el metrónomo, y de que cada segunda nota caiga *exactamente* sobre el tiempo del aparato. Este será su aspecto:

Tiempos del metrónomo:	1		2		3		4		etc.
	•		•		•		•		
Tú pulsas:	1	y	2	y	3	y	4	y	etc. (8 notas por cada 4 tiempos)
	•	•	•	•	•	•	•	•	

Probablemente comprobarás que puedes tocar de modo normal todo un patrón de escala más rápidamente de lo que puedes hacerlo tocando pares de cuerdas. En este caso, busca un tempo adecuado para cada caso. Una vez hayas establecido un tempo (o tempos) conveniente, practica tus escalas durante una semana a esa velocidad. Dedica el tiempo necesario tanto a tocar un patrón solo, como empleando pares de cuerdas. *Haz esto todos los días.*

Tras una semana de práctica con el primer tempo(s), aumenta la velocidad del metrónomo entre un 5 y un 10 por ciento *(no más).* Comprueba como consigues tocar a la nueva velocidad. Deberías sentirte un poco "apurado" pero aun capaz de tocar limpiamente. Si no es así, ajusta en concordancia el metrónomo arriba o abajo.

Practica ahora toda una semana en este nuevo tempo. Sigue aumentando la velocidad semanalmente del mismo modo (siempre un 5/10 por ciento más rápido que la regulación anterior del metrónomo).

Si consigues ir más rápido de lo que pueda hacerlo tu metrónomo, divide la regulación por la mitad, y toca cuatro notas por cada tiempo. Pero recuerda que, a cualquier velocidad, debes mantener un sonido fluyente y limpio. Si te das cuenta que te atropellas un poco o que cometes errores, reduce la velocidad.

Antes de trabajar tus ejercicios de velocidad, es una buena idea practicar un ligero calentamiento previo con algunas escalas más lentas y fáciles, sólo para que tus dedos adquieran soltura.

ACORDES Y PROGRESIONES

Repaso Completo de los Acordes y Cómo y Dónde Emplearlos

Hemos examinado diversas progresiones de blues alternadas, empleando algunos nuevos acordes en cada una. En esta lección, encontrarás un cuadro de acordes que puedes emplear en el blues. Incluye los diagramas de los acordes y donde pueden ser empleados, por ejemplo los I^7, IV^7, V^7 ó i^7, iv^7, etc. Las notas fundamentales se indican con cuadrados (Fíjate en que se omite la fundamental en algunas formas de acordes).

En esta lección, trabaja sobre cada uno de los acordes y ensaya utilizarlos en las progresiones que ya conoces. En la lección siguiente, examinaremos algunas progresiones adicionales en las que puedes emplear también esos acordes.

Acordes de Séptima Dominante

Empléalos para los acordes I, IV ó V ó para acordes secundarios (si se indica la dominante)

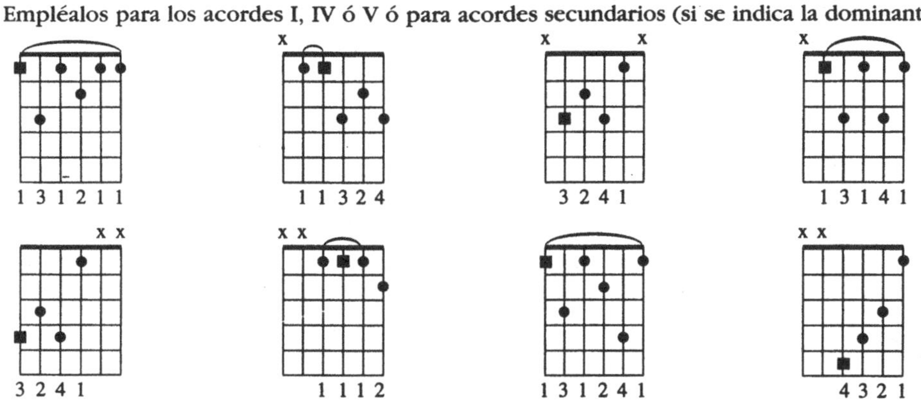

Acordes de Séptima Menor

Empléalos para los acordes i, iv ó v ó para acordes secundarios

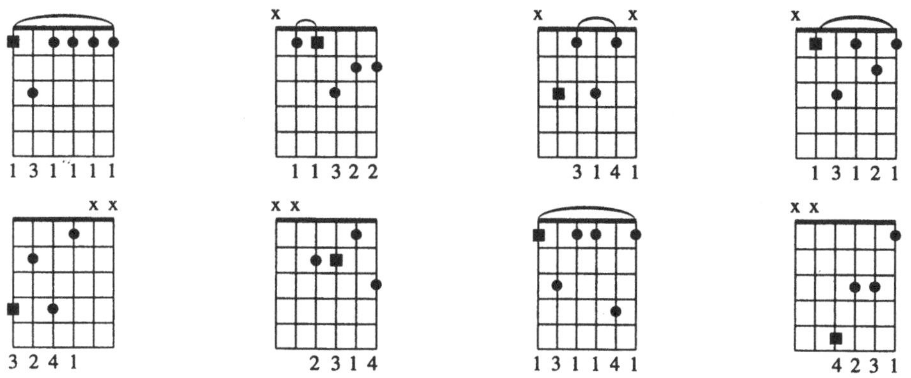

Acordes de Novena

Empléalos en todos aquellos lugares en que puedan utilizarse séptimas dominantes.

9as

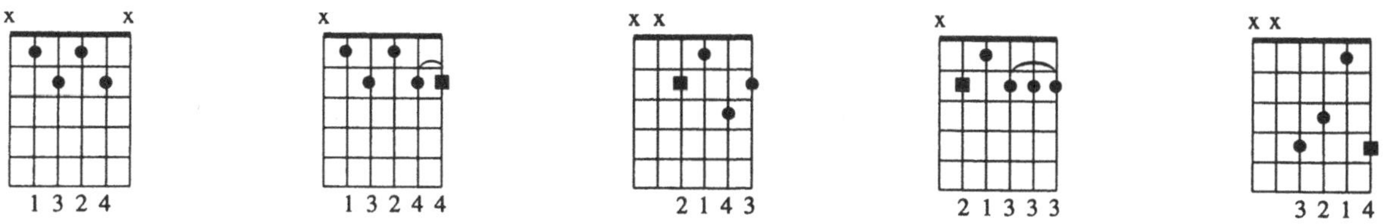

9as sostenidos

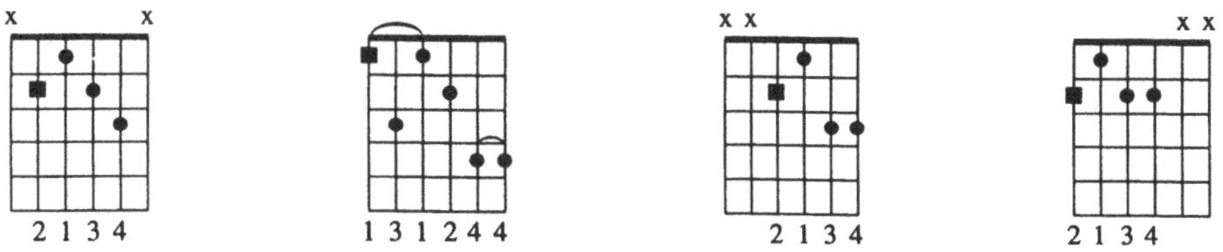

9as bemol

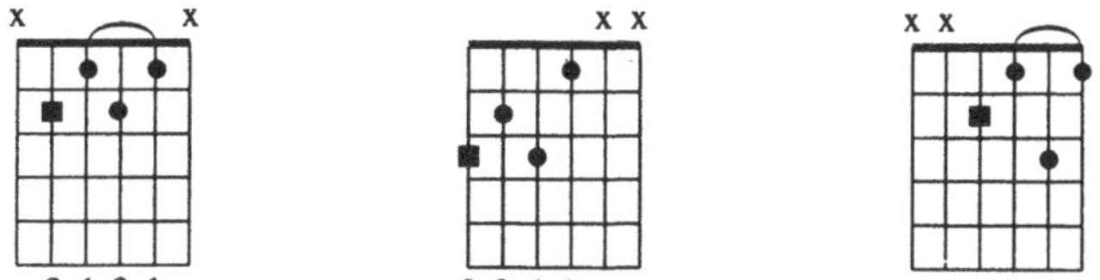

Acordes de 13ª

Empléalos en todos aquellos lugares en que puedan utilizarse séptimas dominantes.

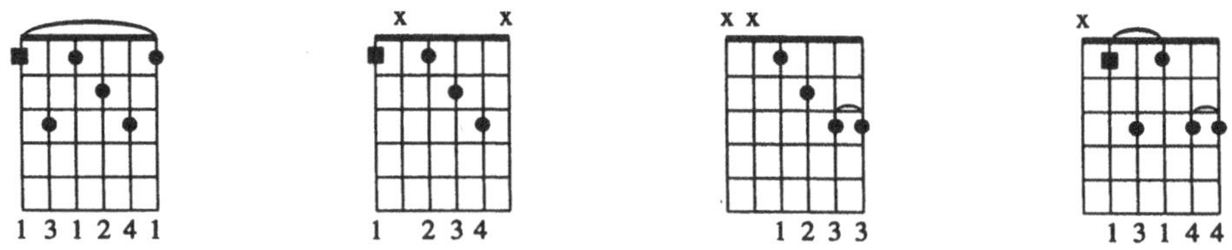

EJERCICIO

Trills (trinos) y Figuras Repetidas en Estilo Delta

Este ejercicio es del mismo carácter que el de la Lección 6, "Delta Mood". Está también en tono de E, y emplea la cuerda baja E al aire (6ª cuerda) como un bordón en gran parte de la tonada. "Delta Child" también introduce un nuevo artificio: el *trill* (trino o trinado).

> Un *trill* está compuesto por dos notas, habitualmente muy cercanas entre sí, tocadas adelante y atrás entre una y otra, una sola cada vez, durante un espacio de tiempo determinado. Los trills suelen ser tocados de manera muy rápida y fluyente.

En la guitarra, los trills se tocan con ambas notas en la misma cuerda. La primera nota es pulsada, y el resto del trill se ejecuta con hammer-ons y pull-offs. En un trill largo (pueden durar dos, cuatro o más compases), puedes pulsar en cada tiempo bajo o en dondequiera desees para tu modulación.

El primer trill en este estudio está en el compás 1, sobre la 4ª cuerda. Las dos notas a tocar son la D (al aire) y la E (2º traste). Pulsa la D al aire, hammer-on ascendiendo a E, pull-off de nuevo abajo a D, hammer-on arriba a E, etc., durante dos tiempos completos.

Todo esto realizado muy rápido, tocando de seis a ocho notas por tiempo, según la rapidez con que ejecutes el trill.

Hay otro trill en el compás 2 que dura sólo un tiempo. El trill siguiente se encuentra en el compás 8, y está sobre la 2ª cuerda.

Todos los trills están en el Patrón 1 de la escala pentatónica menor, pero puedes hacer un trill entre dos notas cualesquiera que te suenen bien. Ensaya experimentando con otros trills en todos los patrones, tanto menores como mayores.

Como algunos excelentes ejemplos de trills en música de base blues, escucha el álbum de John Lee Hooker, *It Serves You Right to Suffer;* el "Voodoo Chile" de Jimi Hendrix en *Electric Ladyland;* y el "Honeybee" de Muddy Waters en *More Real Folk Blues.*

DELTA CHILD 27

full
full
full
full
full
full
full
full
tocar 3 veces
full
full

LECCION 21

ESCALAS

Cómo Emplear los Patrones de Escala

A estas alturas, te encuentras ya en el buen camino para dominar las escalas pentatónicas. Sigue con tu práctica diaria por lo menos seis meses. En realidad, una práctica sistemática diaria de escalas es una excelente manera de mantener tus dedos ágiles y conservar tus habilidades. Muchos músicos profesionales siguen practicando escalas durante toda su carrera.

En esta lección final, nos centraremos en adquirir un buen conocimiento de como emplear los varios patrones de escala. Hay dos procedimientos:

- hallar las similitudes entre los diversos patrones;
- o tocar licks (pasajes) y tonadas que sabes como tocar en un determinado patrón, tocándolos en un patrón enteramente distinto.

Primero, veamos las similitudes. La única diferencia entre los patrones consiste en como están dispuestas las cinco notas de las escalas pentatónicas, y qué extensión de octavas tienen. En otras palabras, las notas más alta y más baja son distintas en cada patrón, pero todos ellos contienen las mismas notas en términos de nombre de letra.

Por este motivo, todos los distintos patrones de escala contienen patrones de notas similares. Como ejemplo, veamos algunos patrones de notas en el Patrón 1 de la escala pentatónica menor en tono de A, y busquemos esos mismos patrones en las demás formas.

El primer ejemplo ilustra cuan similares son los Patrones 1 y 4. Advierte que las notas sobre las cuerdas de la 6 a la 2 del Patrón 1 son *exactamente* las mismas que las notas sobre las cuerdas de la 5 a la 1 del Patrón 4. Toca lo siguiente y escúchalo atentamente.

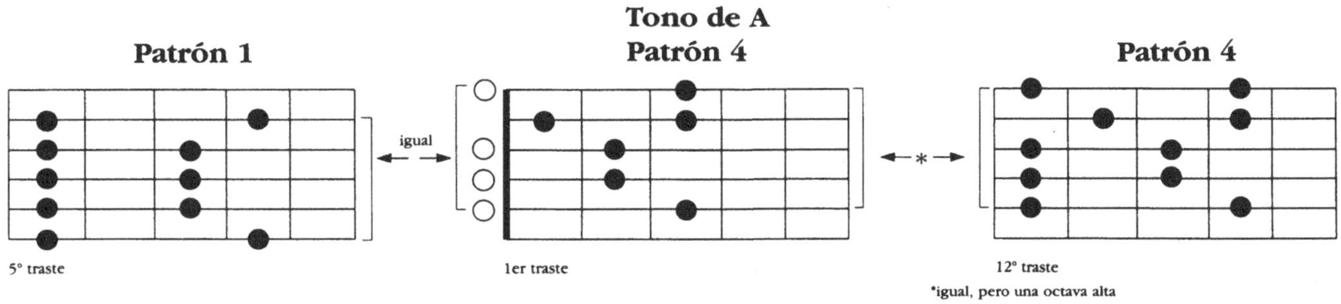

Veamos ahora algunos segmentos más cortos del Patrón 1, y busquémoslos en los otros patrones (todavía en tono de A).

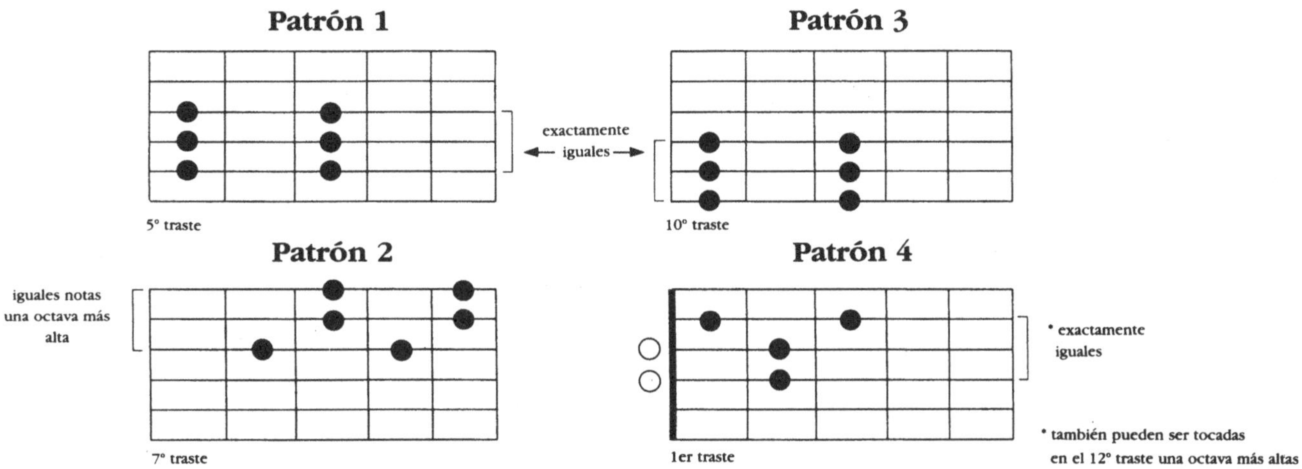

Nota: Aunque el Patrón 5 contiene efectivamente las anteriores notas, éstas están dispuestas de manera distinta, con lo que la configuración no es la misma (ver página siguiente).

Patrón 5

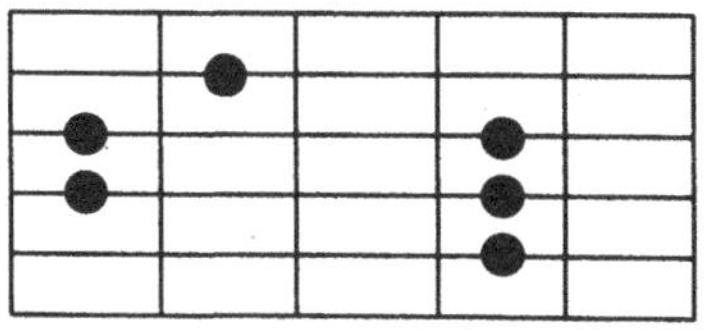

2º traste

Observa que en el patrón de escala 5, el grupo de notas abarca cuatro cuerdas, no tres, y que las cuerdas 5ª y 2ª comprenden solamente una nota cada una.

Veamos otro grupo más en tono de A.

Patrón 1

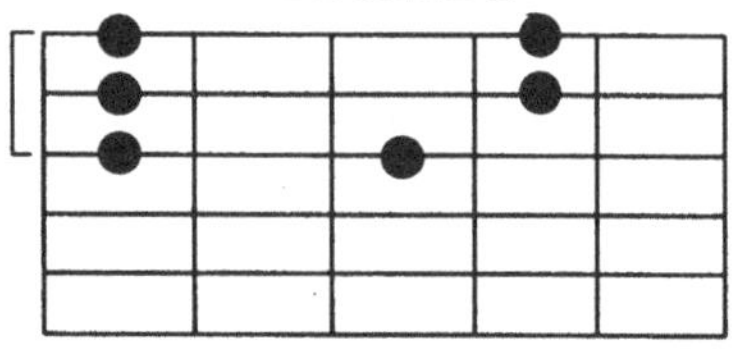

5º traste

Patrón 3

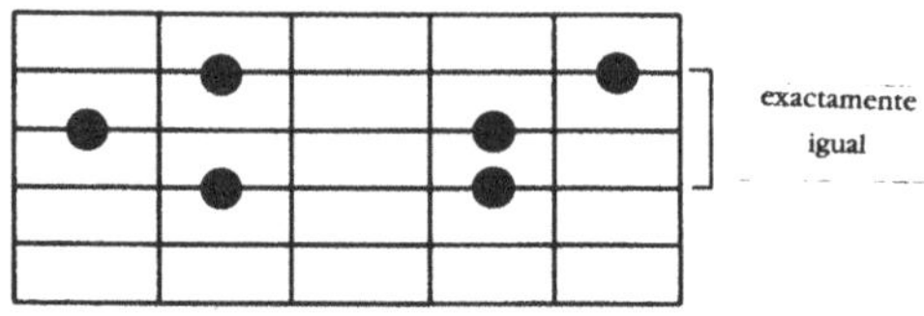

9º traste

Patrón 2

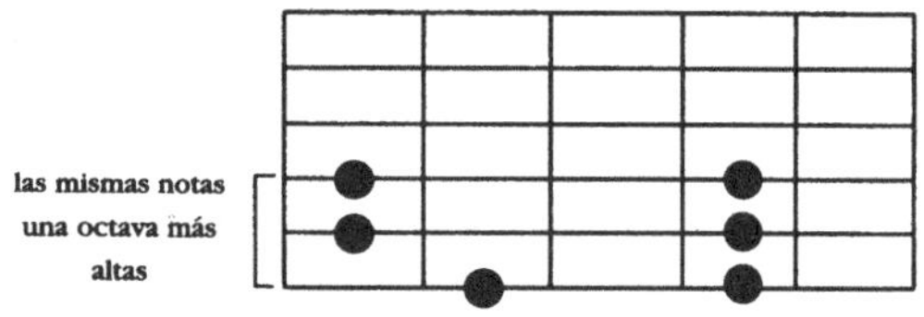

7º traste

Patrón 5

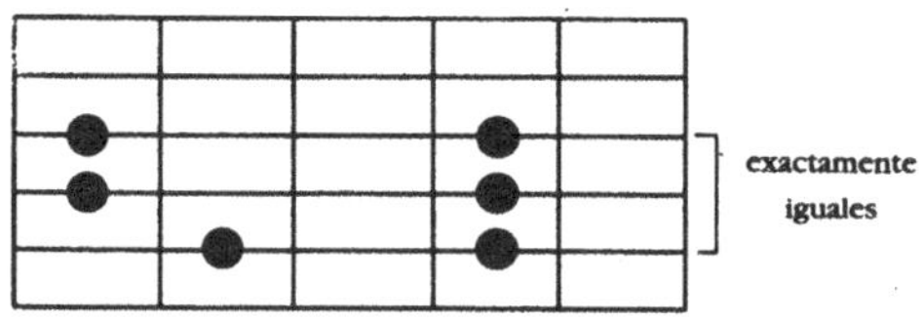

14º traste

Observa que en el Patrón 4, las notas están dispuestas de manera distinta, a saber:

Patrón 4

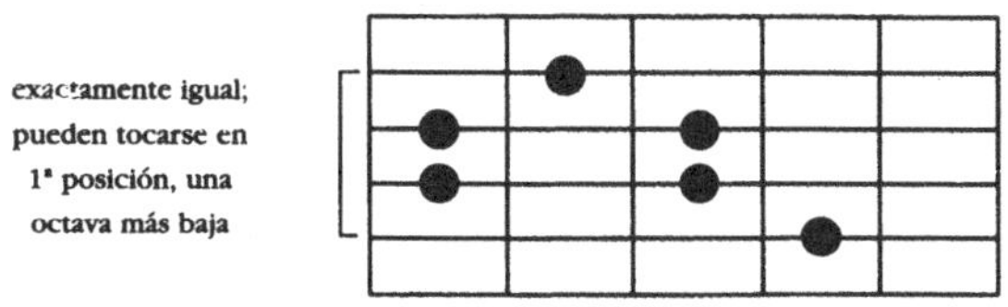

12º traste

En este punto, ya debes haber captado la idea y puedes ver que existen numerosas configuraciones posibles. Practica algunas de tu propia cosecha.

Esto nos lleva al segundo procedimiento para aprender el empleo de los patrones de escala: el de tocar pasajes, e incluso tonadas completas, en distintos patrones a partir de los que tu ya conoces. Como ejemplo tenemos el estudio de la Lección 4, "Swinging the Blues", en un patrón diferente. Estaba escrito originalmente en tablatura en el Patrón 1 (en el 5º traste). Ahora lo damos en el Patrón 3, empleando exactamente las mismas notas, pero en la 10ª posición.

Es un poco complicado tocar en posiciones distintas, pero es un ejercicio que bien vale la pena.

SWINGING THE BLUES (Patrón 3)

Tras aprender esta pieza en el Patrón 3, ensaya los ejercicios siguientes en las nuevas posiciones que te sugerimos:

- Ejercicio 8, empleando los Patrones 3 y 4, en lugar del 1 y 2.
- Ejercicio 9, empleando los Patrones 3 y 4, en lugar del 1 y 2.
- Ejercicio 10, totalmente en el Patrón 1.

Practica lo mismo con cualquier otro ejercicio, en todo o en parte. Asimismo, ensaya tus propios licks y riffs en diferentes posiciones, incluso si las notas están dispuestas de manera distinta.

ACORDES Y PROGRESIONES

Más Progresiones Alternadas

En la Lección 20, se te dieron extensas series de los diversos tipos de acordes. Veamos ahora otras dos progresiones de blues de 12 compases, empleando también esos acordes. Puedes utilizar substituciones adecuadas de las series de la Lección 20 para los acordes contenidos en esas dos progresiones. Por ejemplo, cualquier acorde de séptima puede ser reemplazado por un acorde de novena o de treceava, del mismo nombre, mientras siga sonando bien a tu oído.

No olvides los principios de *voz principal* examinados en la Lección 3 respecto a la substitución de acordes. Debes hacer los cambios de acordes tan suavemente como sea posible.

Asimismo, puedes tocar más de un tipo de acordes en el mismo compás en el que se indica tan sólo uno. Veamos el siguiente ejemplo:

Cambios de Acordes Indicados				**Otros Tipos de Acordes Añadidos**			
I^9	IV^9	I^9	I^9	I^9 I^{13} I^7	IV^7 IV^9	I^9 I^{13}	I^7 I^9

En las dos progresiones siguientes, observa el empleo de acordes secundarios y, en particular, el empleo de acordes secundarior *mayores.* Recuerda que los acordes ii, iii y vi, normalmente son acordes *menores.* Pueden ser convertidos en mayores, y funcionan técnicamente como algo distinto que un acorde de la tonalidad.

Puedes encontrar los acordes secundarios en el gráfico de la Lección 18, y, buscando la fundamental, tocar cualquier acorde que esté indicado. Por ejemplo, en la progresión alternada 3, compás 8, se indica un acorde VI $(^{7\#9})$. En el gráfico de acordes secundarios, encontrarás que el acorde vi en tono de A es F♯ menor (o séptima menor). Simplemente, toca en su lugar un acorde F♯ $(^{7\#9})$.

Después de aprender las progresiones siguientes tal como están escritas, ensaya el empleo de algunos de los acordes de la Lección 20 como substitutos. Utiliza novenas y treceavas en lugar de (o además de) séptimas, y viceversa. Comprueba las substituciones que te gustan y las que no te gustan.

Después de haber hecho todo lo anterior en tono de A, transpón ambas progresiones a otras tonalidades (próximas o lejanas), con y sin substituciones. La finalidad es la de aprender tus acordes *muy bien*, y ser capaz de substituirlos espontáneamente en tus ejecuciones.

Progresión Alternada #3 - Tono de A

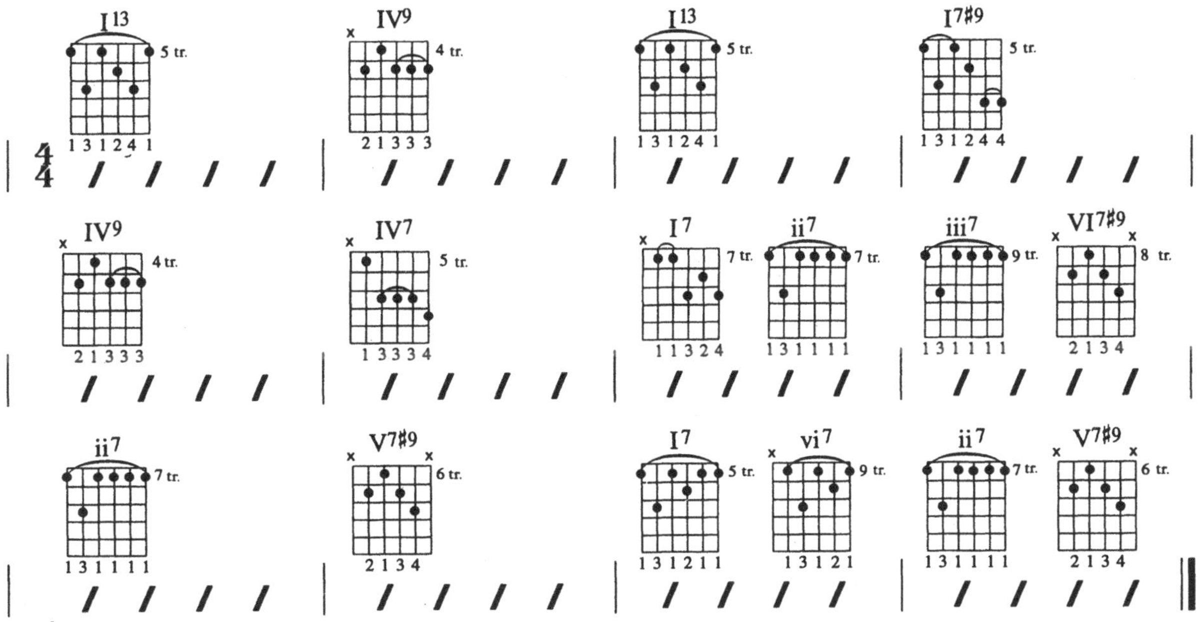

Progresión Alternada #4 - Tono de A

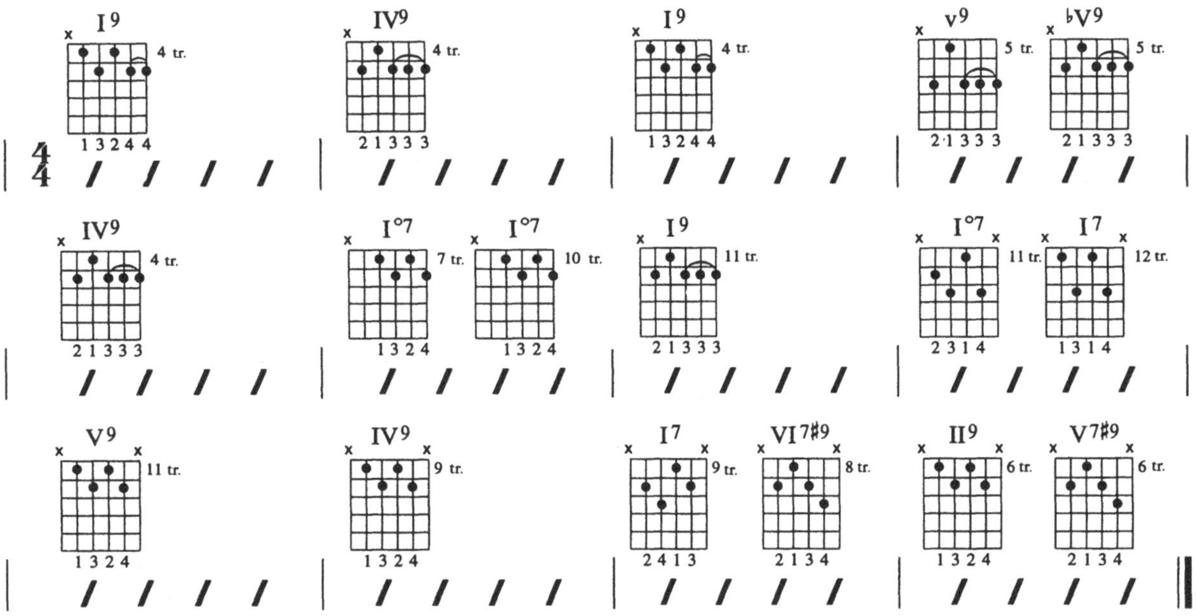

EJERCICIO

Tocar Sobre Todo el Diapasón

El ejercicio final de este libro, "All Forms Blues", recorre los cinco patrones de la escala pentatónica menor. Su finalidad es conseguir que los cambios de posición sean tan suaves como sea posible. Trata de "fluir" a través de ellos.

La sucesión de bends en los compases 4 y 6 aumentan un poco en volumen, creando una tensión que luego se relaja con las primeras notas de los compases siguientes (5 y 7, respectivamente).

El segundo final es de nuevo un final tag (llamado también una *coda*) y debe ser tocado con toda libertad, fuera de tempo.

Está escrito sobre la progresión de 12 compases en G.

Finalizado este ejercicio, deberás estar listo para improvisar tus propios solos. Parte de licks e ideas que has aprendido en estos ejercicios y cámbialos lo suficiente como para hacerlos tuyos.

ALL FORMS BLUES 28

8va
D9
1/2
full
C9
1.
G9
C9
G9
loco
D7#9
2.
G9
Ad lib
Ab7
G7
G9

TERMINOS DE NOTACION